Compact Schülerhilfen
Deutsch
Diktat
4. Klasse

Silvia Krüger

Compact Verlag

© 1995 Compact Verlag München
Redaktion: Ursula Heller, Ursula Händl-Sagawe
Umschlaggestaltung: Sabine Jantzen, Inga Koch
Illustration: Franz Gerg, Ulrike Kaiser
Printed in Germany
ISBN 3-8174-7310-9
7373101

Inhalt

Wie du mit diesem Buch lernen kannst!   5

1. Groß oder klein?   **7**
Zeitwörter werden zu Namenwörtern   7
Eigenschaftswörter werden zu Namenwörtern   8

2. Dehnung von Wörtern   **10**
Dehnung mit h   10
Dehnung mit ie   12
Dehnung durch Selbstlautverdoppelung (aa, ee, oo)   14

3. Schärfung von Wörtern   **17**
Doppelte Mitlaute   17
Wörter mit tz   19
Wörter mit ck   20
Wörter mit z oder k   22

4. Gleichklingende Mitlaute   **25**
t oder d   25
p oder b   27
g oder k   28
g oder ch   30
v oder f   32

5. Gleichklingende Selbstlaute   **34**
e oder ä   34
ai oder ei   35
äu oder eu   37

6. s-Laute (s, ss, ß)	39
7. das oder daß?	42
8. x-Laute (x, gs, chs, ks, cks)	44
9. Umlaute (ä, ö, ü, äu)	46
10. Vor- und Nachsilben	49
Vorsilben	49
Nachsilben	50
11. Wortableitungen	53
12. Trennungsregeln	55
Testdiktate	59
Lösungen	73
Anhang: Grundwortschatzliste	94

Wie du mit diesem Buch lernen kannst!

Diktate sind gar nicht so einfach zu schreiben!

Immer wieder macht man Fehler, die man mit etwas Übung vermeiden kann. Dieses Buch hilft dir, den Wortschatz der 4. Klasse zu trainieren und zu beherrschen. Du wirst sehen, daß dir das Diktateschreiben schon bald leichter fallen wird.

Jeweils ein Kapitel bildet einen Übungsblock. Schau dir die Rechtschreibregeln im roten Kasten immer gut an. Du solltest sie dir einprägen. Anschließend mach dich an die Übungsgeschichten und -aufgaben. Laß dir Zeit! Nimm dir immer nur einen Abschnitt vor und arbeite daran lieber länger und gründlich! Im Lösungsteil kannst du überprüfen, ob du alles richtig geschrieben hast.

Professor Magnus hilft dir, dich im Buch zurechtzufinden. Was die einzelnen Buchstaben bedeuten, die er dir zeigt, erfährst du auf der nächsten Seite.

Nun viel Erfolg beim Lernen!

Professor Magnus hilft dir, dich zurechtzufinden:

   = Aufgabe

   = Lösung: Lösungen solltest du erst anschauen, wenn du die dazugehörende Aufgabe bearbeitet hast.

   = Testdiktat: Diese Diktate umfassen mehrere Lernthemen. So kannst du kontrollieren, ob du den Stoff auch wirklich beherrschst. Wenn nicht, dann bearbeite das betreffende Kapitel noch einmal.

Wichtige Regeln, die du dir einprägen solltest, sind rot markiert.

1. Groß oder klein?

Alle **Namenwörter** schreibt man **groß**.
Alle **Eigennamen** schreibt man **groß**.
Am **Satzanfang** schreibt man **immer** alle Wörter **groß**.

Außerdem gibt es noch Besonderheiten:

Zeitwörter werden zu Namenwörtern

Aus Zeitwörtern können wir **Namenwörter ableiten**. Wir schreiben sie dann groß. Davor kann stehen:
– ein Begleiter (der ..., ein ..., dieser ...): z. B. **das T**räumen;
– ein Verhältniswort (beim ..., zum ..., durch ...): z. B. **beim L**ernen.
Achte immer auf das Wort vor dem Zeitwort!

Fritzchens erste Schulwoche

Fritz kommt nach der ersten Schulwoche erschöpft nach Hause. Seine Mutter fragt ihn: „Na, wie gefällt es dir?" Fritz antwortet: „Die Schule ist ja ganz nett, wenn nur das Lesen, das Schreiben und das Rechnen nicht wäre. Beim Melden schmerzt mein Arm, das Auswendiglernen hasse ich. Zum Singen und zum Malen habe ich überhaupt keine Lust." Die Mutter ist geschockt. Fritz beruhigt sie: „Aber in der Pause ist es toll. Beim Rennen und Spielen geht es mir gut, und fürs Turnen kann ich mich auch begeistern."

1. Finde die **großgeschriebenen Zeitwörter**, unterstreiche sie und schreibe sie mit den vorangestellten Wörtern ins Heft:
   z. B. das Lesen

2. Ordne die Wörter im Heft in zwei Spalten:

Begleiter + Zeitwort	Verhältniswort + Zeitwort
das Lesen	beim Melden

3. In der Geschichte gibt es auch Namenwörter, die nicht aus Zeitwörtern gebildet wurden. Suche sie und schreibe sie in dein Heft.

4. Laß dir die Geschichte von jemandem in dein Heft diktieren.

Eigenschaftswörter werden zu Namenwörtern

Eigenschaftswörter, die zu einem Namenwort gehören, schreibt man **klein**: z. B. die kalte Nacht.

Eigenschaftswörter, die nicht zu einem Namenwort gehören, schreibt man **groß**,
– wenn ein Begleiter davorsteht (die **S**chönste);
– wenn ein Verhältniswort davorsteht (im **G**rünen);
– wenn ein unbestimmtes Zahlwort davorsteht (viel **S**chönes).

Im Zirkus

Der kleine Zirkus Piccadilly bietet viel Interessantes. Der lustige Clown erscheint plötzlich aus dem Dunkeln und lenkt den Blick auf das Wichtigste. Hinter ihm bewegt sich etwas Dickes. Ein kleiner, wohlgenährter Hund

hält sein Hosenbein für etwas Schmackhaftes und beißt hinein. Eine Gruppe sportlicher Artisten tritt in Schwarz auf. Hoch oben am Reck zeigen sie manch Gefährliches. Das Schwierigste ist eine atemberaubende Menschenpyramide. In kurzer Zeit bauen eifrige Helfer alles Notwendige um. Der Clown zieht alles ins Lächerliche.

1. Suche **alle Eigenschaftswörter** heraus, unterstreiche sie und schreibe sie mit dem vorangestellten oder nachfolgenden Wort ins Heft. Achte dabei auf Groß- oder Kleinschreibung.

2. Ordne die Wörter im Heft in Spalten:

Eigenschaftswörter, die zum Namenwort gehören, kleingeschrieben	Begleiter und Eigenschaftswort großgeschrieben	Verhältniswort und Eigenschaftswort großgeschrieben	unbestimmtes Zahlwort und Eigenschaftswort großgeschrieben
der kleine Zirkus	dem Dunkeln	in Schwarz	viel Interessantes

3. Ordne die Wörter einander zu, schreibe sie ins Heft und achte auf Groß- oder Kleinschreibung:
   z. B. etwas Erfreuliches

etwas das
nichts ins
zum

erfreulich billig
wichtig besser
schwarz

4. Laß dir die Geschichte ins Heft diktieren und achte auf Groß- oder Kleinschreibung.

2. Dehnung von Wörtern

Die Selbstlaute klingen in manchen Wörtern kurz und in manchen lang. Das liegt daran, daß die Selbstlaute auf unterschiedliche Weise gedehnt werden können.

Dehnung mit h

Vor dem Dehnungs-h klingt der Selbstlaut **lang**. Das Wort wird durch das **h** gedehnt.

Ein gefährlicher Traum

Geht es dir nicht ähnlich? Du liegst im Bett und gehst im Traum auf eine sehr gefährliche Reise.

Du stehst in einem Kahn und fährst mit viel Mühe über einen riesigen Fluß. Du fühlst die Angst, es pocht in deinen Ohren, ... du willst umkehren. Du führst mit letzter Kraft das Ruder, willst es tief ins Wasser bohren. Aber du schaffst es nicht! Du willst die Gefahr abwehren ... Aber es ist der Wahnsinn, du kommst nicht vom Fleck. O Schreck ... und schon wachst du auf!

1. Unterstreiche **alle Wörter mit Dehnungs-h**, sprich sie laut vor dich hin und schreibe sie in dein Heft.

2. Finde alle Schlangenwörter und schreibe sie ins Heft:

BahnfühlenViehungefährwehrenumkehrenrohzähblüht

3. **Ordne** die Wörter **nach dem ABC**. Schreibe zuerst die entsprechende Nummer über das Wort und schreibe dann die Wörter der Reihe nach ins Heft:

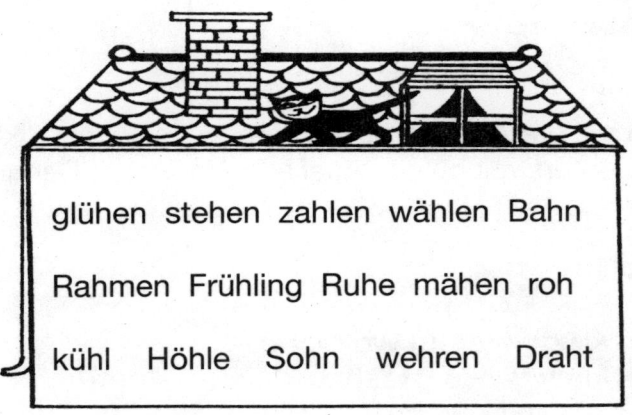

glühen stehen zahlen wählen Bahn

Rahmen Frühling Ruhe mähen roh

kühl Höhle Sohn wehren Draht

4. Suche zu jedem Windmühlenflügel die passenden Wörter und schreibe sie, in vier Spalten geordnet, in dein Heft (**eh, ah/äh, uh/üh, oh**):

erzählt rührt Lohn

Bohrturm Wohnung blühen

Fehler nahe Mühe zehn

Sohn Ruhe Truhe rührt

Gefahr Jahr Schuhe Stuhl

während Lehrer zehren ungefähr

5. Löse das Rätsel und schreibe die Rätselwörter auch ins Heft:

Ein Metallfaden ist ein

Verheiratete sind ein

Jeder Schuh hat eine

Ein australisches Tier, das hüpft:

Wir verhungern ohne

Wer nicht zahlt, bekommt eine

Haustiere sind

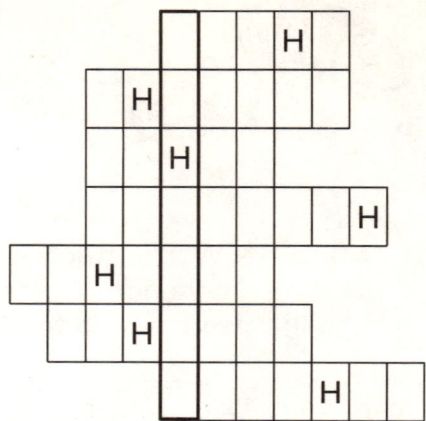

6. Laß dir die Anfangsgeschichte in dein Heft diktieren und unterstreiche nochmal alle Wörter mit Dehnungs-**h**.

Dehnung mit ie

Steht ein **ie**, so klingt das **i** im Wort **lang**.
Das Wort wird durch das **ie** gedehnt.

Vielleicht ein Taschentuch?

Im Bus sitzt in der siebten Reihe ein Junge mit ziemlich triefender Nase. Sie ist gerötet, er hat Fieber, kann nicht riechen und atmet sehr tief. Ein vornehmer Herr neben ihm beugt sich nieder und meint: „Sag mal, lieber Junge, hast du vielleicht kein Taschentuch?"

Der Bub greift in seine karierte Hose und zieht ein zerknülltes Tuch heraus. „Schon", meint er schlagfertig, „Ihre Nase kann aber noch so fließen, mein Taschentuch wird nicht verliehen!"

1. Unterstreiche alle Wörter mit **ie** und schreibe sie ins Heft.

2. Löse das Schlangenrätsel und schreibe die einzelnen Wörter in dein Heft. Achte auf das **ie** und unterstreiche es:

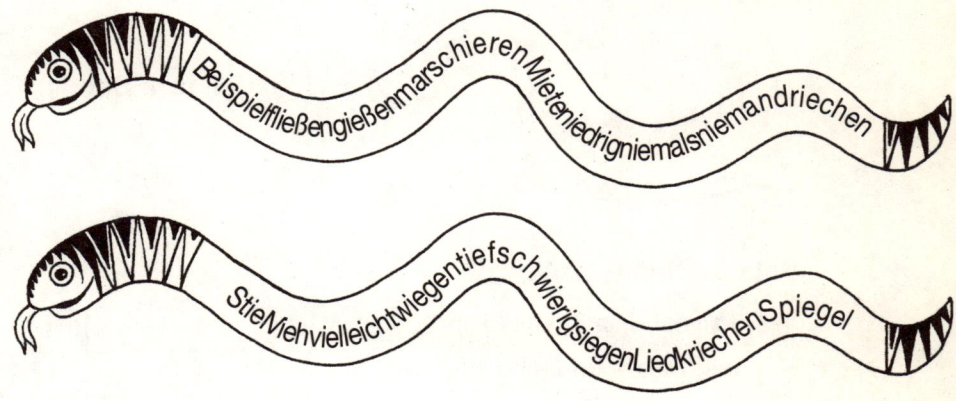

BeispielfließengießenmarschierenMieteniedrigniemalsniemandriechen

StieMehvielleichtwiegentiefschwierigsiegenLiedkriechenSpiegel

3. **Ordne** die Wörter aus dem Schlangenrätsel in deinem Heft **nach Namenwörtern, Zeitwörtern und Eigenschaftswörtern**.

4. Alle folgenden Wörter enden mit **-ieren**. Setze die Wortteile zusammen und schreibe sie ins Heft:

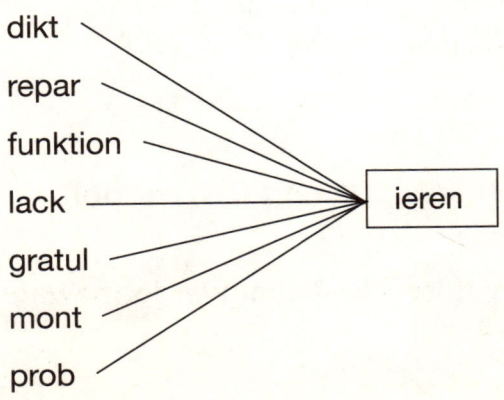

dikt
repar
funktion
lack   — ieren
gratul
mont
prob

5. Bilde aus den Bruchstücken **Wörter mit ie**. Schreibe sie ins Heft:
z. B. Krieg

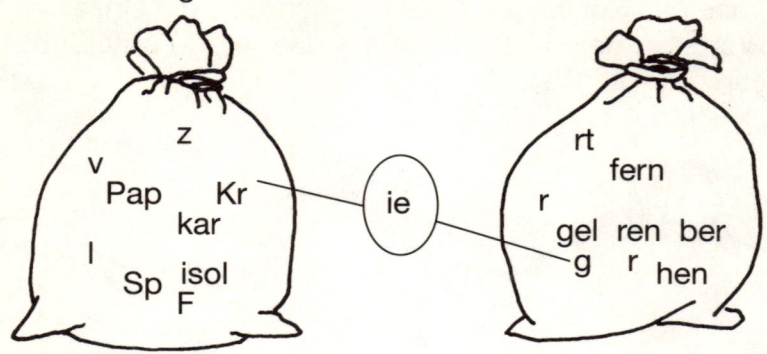

6. Löse das Rätsel:

Du siehst dein Ebenbild im	S
Vater, Mutter und Kind sind eine	F
Männer müssen sich	R
„Auf Wiedersehen" sagt man zum	A

7. In jedem Wort steckt ein Wort mit **ie**. Finde es und schreibe es in dein Heft:

BERVIELLEICHTA   AZUKINIEMANDWAS
BERTASIEBENFIVB   UNIMANIEMALSHI
SASMIETEZUSK   IMOKARIERTOM
OKASFRIEDENSOP   WOSPARADIESLÄ

8. Laß dir die Geschichte in dein Heft diktieren.

Dehnung durch Selbstlautverdoppelung (aa, ee, oo)

Wörter werden durch Selbstlautverdoppelung gedehnt, z. B. **aa**, **ee**, **oo**.
Die Selbstlaute klingen **lang**.

Am Meer

Wir fahren in den Ferien oft an die See. Dort mieten wir uns ein Boot und schippern zu einer kleinen Insel. Der Wind zerzaust meine Haare und die Wellenkronen sind weiß wie Schnee. Mama hat immer die besten Ideen und packt Tee, Kaffee, Brote und sogar einen geräucherten Speiseaal ein. Ich spiele Seemann und verspeise den gesamten Aal.

1. Unterstreiche **alle gedehnten Wörter** mit **aa**, **ee** oder **oo** und schreibe sie in dein Heft.

2. Ordne die Wörter nach **aa**, **ee** und **oo** in deinem Heft:

See	Moos	Tee	Boot
Klee	Paar	Schnee	
Saal	Zoo	Beeren	
Haare	Waage	Idee	
Aal	leer	Meer	

3. Bilde Wörter und schreibe sie in dein Heft:

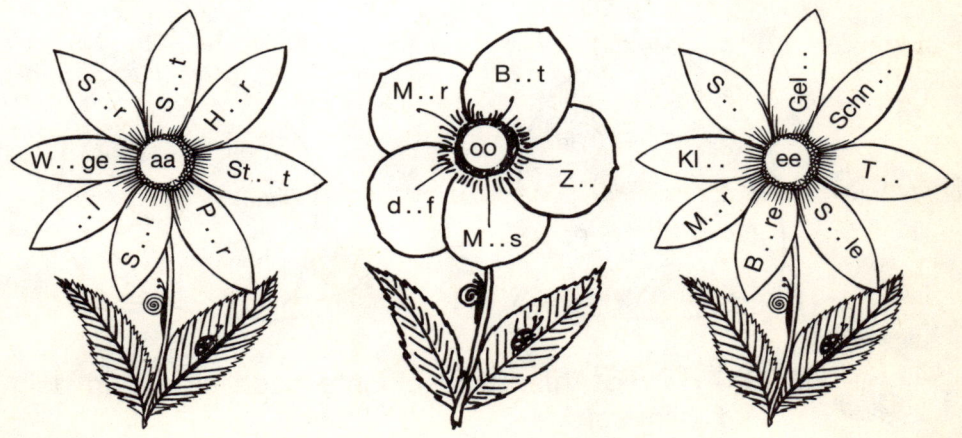

4. Löse das Rätsel:

Deutschland ist ein

Ein Matrose heißt auch

Auf der Wiese wächst auch

Hinter den 7 Bergen bei den 7 Zwergen lebte

Auf dem Waldboden wächst

Wer sich wiegt, geht auf die

Beim Friseur kriegt man einen

Das Meer heißt auch die

Der Straßenbelag ist aus

Zwei Verliebte sind ein

Viele Bäume an der Straße bilden eine

Auf dem Meer fahren wir mit einem

5. Löse das Silbenrätsel und schreibe in dein Heft:

z. B. Pü-ree – Püree

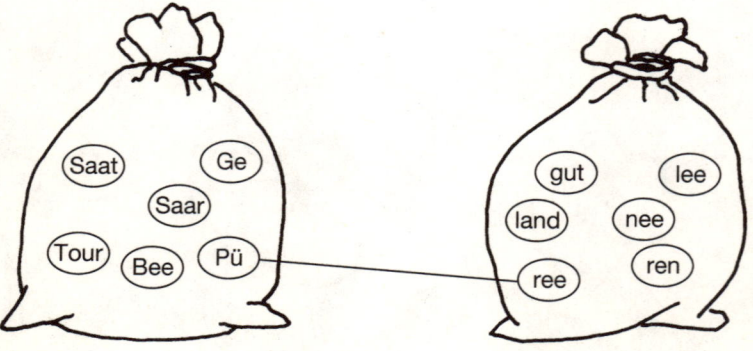

6. Laß dir die Anfangsgeschichte noch einmal in dein Heft diktieren.

3. Schärfung von Wörtern

Genauso wie Wörter gedehnt werden können, können sie auch mit verschiedenen Mitteln geschärft werden, so daß der Selbstlaut kurz klingt.

Doppelte Mitlaute

Vor einem doppelten Mitlaut klingt der **Selbstlaut kurz.**
Doppelte Mitlaute können z. B. sein: **rr, mm, nn, ll, pp, ff, tt, ss.**

Die Rumpelkammer

Im Keller unseres Hauses befindet sich das allerschönste Zimmer, die Rumpelkammer. Mutter erlaubt uns oft, dort zu spielen. Eine Treppe führt hinunter, und schon stehen wir mittendrin. Auf dem Boden liegt ein alter Teppich, und dann finden wir alles, was uns in das Reich der Phantasie entführt: einen roten Sessel aus Plüsch, Kissen aus Samt, eine kleine Puppenküche, einen Koffer aus Pappe, altes Geschirr, Löffel und Messer aus Silber, kunstvoll bemalte Teller, Tassen, Schüsseln, Kannen und Karaffen, dunkle Ketten, ein altes Schiffchen, einen Pferdesattel, einen Gummiball und sogar eine Brille ohne Gläser.

1. Unterstreiche **alle Wörter mit einem doppelten Mitlaut** und schreibe sie dann in dein Heft.

2. Ordne die Wörter in die Spalten:

mm	ll	tt	pp	ss	ff	rr	nn

3. Ordne den Buchstabensalat in deinem Heft:
z. B. Brille

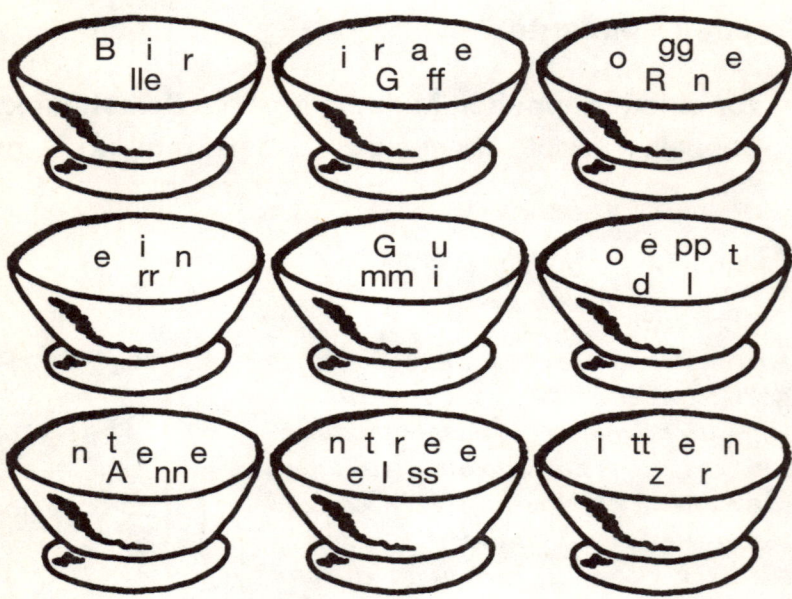

4. Setze die folgenden Zeitwörter in die Grundform und schreibe sie in dein Heft: z. B. sie trennt – trennen

er klettert   wir hoffen   sie gewinnt
es paßt   er bellt   du bittest   er fällt
es muß   sie ißt   es brennt   er spottet
es brummt   er wettet   sie zappelt
es rollt   sie trennt   es knallt
sie massiert   sie trifft   ich kann

5. Löse das Rätsel und schreibe die Wörter in dein Heft.

Hinweis	Buchstaben
Jemand, der gepetzt hat, hat etwas	R R
Ein Sarg besteht aus	T T
Er wird in der Schule gemacht:	R R
Das Gelbe vom Ei:	T T
Sie wächst unter der Erde:	F F
Mehrere zusammen sind eine	P P
Man muß sie auslöffeln:	P P
Eine Getreidesorte:	G G
Man fährt damit auf Schnee:	T T
Man streicht sie aufs Brot:	T T
Gegenteil von außen:	N N
Kräftige Hunderasse:	G G

6. Laß dir die Anfangsgeschichte in dein Heft diktieren. Achte besonders auf den letzten Satz.

Wörter mit tz

tz steht für **zz**.
Der **Selbstlaut vor dem tz** klingt **kurz**.

Zungenbrecher

Wenn am Himmel Blitze flitzen, bleibt der Fritz zu Hause sitzen.

Wenn der Hund die Katze tratzt, wird er von der Tatz' gekratzt.

1. Sprich die Zungenbrecher so schnell wie möglich. Schreibe alle **tz**-Wörter ins Heft.

2. Spiele Dichter und reime in dein Heft:
   Blitz – W… , hetzen – s… , nützen – sch… , schwitzen – spr… .

3. Ergänze die Wörter und schreibe sie in dein Heft:
   Ka-e, Ne-, zule-t, Me-ger, se-en, Gese-, spri-en, pu-en, verle-en, tro-dem, je-t, plö-lich, wi-ig, Pfü-e.

4. Löse das Silbenrätsel in deinem Heft:
   z. B. trotz + dem – trotzdem ...

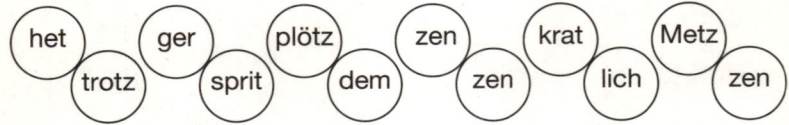

5. Laß dir die Zungenbrecher in dein Heft diktieren.

Wörter mit ck

ck steht für **kk**.
Der **Selbstlaut vor dem ck** klingt **kurz**.
Beim Trennen wird ck zu **k – k**.

Von Äpfeln

Zwei dicke Männer sitzen im Zugabteil. Der eine muß verwundert entdecken, wie der andere pausenlos und locker trockene Apfelkerne schluckt. Er holt sie aus der Jackentasche, leckt daran, um sie dann zu verschlucken. Verwundert blickt der andere ständig hin und rätselt über den zweifelhaften Geschmack. Schüchtern fragt er endlich: „Warum schlucken Sie ständig Kerne?" Der andere nickt und erklärt: „Damit ich klüger werde!" Nun wird der andere Mann neugierig und möchte sich gerne ein paar Kerne kaufen. „Gerne, aber 1 Kern kostet 1 DM!" ist die Antwort. Der erste zahlt, ohne mit der Wimper zu zucken und beginnt mit beiden Backen zu kauen. Nachdem sich nichts tut, beginnt er nachzudenken. Plötzlich kommt ihm der Gedanke: „Mann, mit so viel Geld hätte ich ja 2 kg Äpfel kaufen können!" Die Antwort ist kurz: „Sehen Sie, es wirkt schon!"

1. Unterstreiche alle **ck**-Wörter und schreibe sie ins Heft.

2. Suche zu jedem der folgenden Zeitwörter ein Namenwort und schreibe beide ins Heft:
   z. B. schicken – das Geschick

schicken	hocken	schmecken
packen	stricken	schlucken
nicken	knicken	bücken	backen
schmücken	drücken	blicken

3. Trenne die Wörter und schreibe die Silben ins Heft:
z. B. stecken: stek – ken

einstricken	hinblicken	wegrücken	lecken
strecken	Stecken	abschmecken	verschlucken
locker	Hocker	Jacke	Backe

Achtung!
Trenne auch folgende Wörter nach Silben:
z. B. schluckte: schluck – te

drückte	bückte	weckte	entdeckte	erschreckte	schickte

4. Fülle die Lücken und schreibe die vollständigen Wörter ins Heft:
Sa__, Ro__, fli__en, zwi__en, De__e, He__e, Glü__, la__ieren, Rü__en, schlu__en, Blo__, di__, Ja__e, dre__ig, rü__en.

5. Laß dir die Anfangsgeschichte in dein Heft diktieren.

Wörter mit z oder k

**Nach einem Mitlaut, merk dir ja,
steht nie tz und nie ck!
Nach einem Mitlaut steht immer nur z oder k.**

Beim Zahnarzt

Ein Mann leidet unter fürchterlichen Zahnschmerzen und merkt, daß er zum Arzt gehen muß. Er faßt sich ein Herz, geht in die Praxis und läßt sich einfach auf den Stuhl sinken.

Der Zahnarzt will einen Scherz machen, ihn ablenken, und bemerkt: "Sie brauchen keine Angst zu haben. Ich gebe Ihnen eine Spritze, dann merken Sie nichts, denken nichts und faulenzen ein bißchen ..." "Machen Sie doch keine so dummen Witze!" knurrt der Patient. "Hören Sie auf mit Ihrem Geschwätz. Ich bin doch selbst Zahnarzt!"

1. Unterstreiche alle Wörter, bei denen **z** oder **k nach einem Mitlaut** vorkommt, und schreibe sie getrennt nach **z** und **k** in dein Heft.

2. Löse das Rätsel und schreibe die Wörter geordnet nach **z** und **k** ins Heft:

Ein Gewürz:

Ein unangenehmes Gefühl:

Darüber kann man lachen:

Ein Monat im Frühling:

Ein Postwertzeichen:

Ein junges Schwein:

Nicht lang, sondern:

Feine Damen tragen ihn:

Sehr klein:

3. Finde die Zeitwörter und schreibe sie ins Heft:

4. Reime ins Heft:
   stolz – ?, Schmalz – ?, Harke – ?, Nerz – ?, sinken – ?, denken – ?

5. Schreibe diese Grundwortschatzwörter ab und unterstreiche immer **den Mitlaut vor z oder k**:
   z. B. ei<u>n</u>zeln

einzeln   Salz   Schmerz   Schürze

wirken   Wolke   Herz   winken

sinken   Volk   Holz   Stolz

Arzt   Ärztin   Zahnarzt   Warze

6. Laß dir die Zahnarztgeschichte ins Heft diktieren.

4. Gleichklingende Mitlaute

Es gibt ein paar Laute, die ziemlich ähnlich klingen. Der Unterschied kommt oft nur daher, daß man sie weich oder hart ausspricht.

t oder d

> Durch genaues Hören kannst du unterscheiden:
> **t** klingt **hart**, **d** klingt **weich**.

Redensarten

Ein gebranntes Kind scheut das Feuer!
Man soll den Tag nicht vor dem Abend loben!
Es ist nicht alles Gold, was glänzt!
Selbst ein blindes Huhn findet mal ein Korn!
Ein Hund, der bellt, beißt nicht!

1. Suche alle Worter mit **d** und **t** und schreibe sie getrennt nach **d** und **t** ins Heft.
2. Löse das Schlangenrätsel in deinem Heft. Schreibe die Wörter mit in die Tabelle:

3. Male zwei Säcke ins Heft, fülle die Wortlücken und verpacke die Wörter in den richtigen Sack:

Pfer_, San_, Wan_,
Elefan_, Her_, bal_, hun_er_,
Wal_, Stran_, kal_,
Stun_e, _ausen_, Hef_, Gar_en

4. Spiele Dichter und reime ins Heft:
Stunde – H..., Wald – b..., Bild – w..., blind – W...,
Garten – w..., Geschichte – Ged..., glatt – m...,
heute – L..., hinter – W..., mutig – bl..., Wand – L...

5. Löse das Rätsel und ordne die Wörter nach **t** und **d**:

Wertvolles Edelmetall:

Lebenswichtiger Körpersaft:

Teil eines Gartens:

Gewürz:

Man kann z. B. seinen
Namen daraufschreiben:

Kleidungsstück:

Jeder Mensch war mal eins:

Wir brauchen sie zum Atmen:

Gebiet oder Staat:

Er bellt:

Zahlungsmittel:

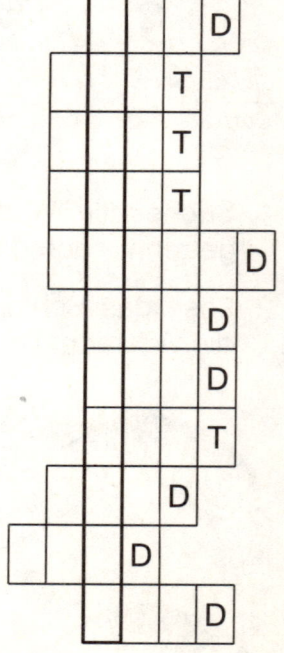

6. Laß dir die Redensarten ins Heft diktieren.

p oder b

Durch genaues Hören kannst du unterscheiden:
p klingt **hart**, **b** klingt **weich**.

Urlaub

Ein Polizist will mit seiner Familie im September in Urlaub fahren und schmiedet eifrig Pläne. Ob per Schiff oder Omnibus, Bahn oder Flugzeug, ist noch nicht klar. Nach einem Abend langer Überlegungen ist das Ziel gefunden.

Am nächsten Tag bringt der Postbote einen Brief. Dabei fragt er: „Na, schon klar, wohin es dieses Jahr geht?" „Ja, nach Licht", antwortet der Polizist. „Wo liegt denn das?" fragt der Postbote erstaunt. „Keine Ahnung! Aber pausenlos heißt es im Radioprogramm: Schönes Wetter in Licht!"

1. Suche alle Wörter mit **p** und **b**, unterstreiche sie und ordne sie nach **b** und **p** in dein Heft.

2. Ordne die Silben richtig zu, verbinde sie und schreibe die Wörter ins Heft:

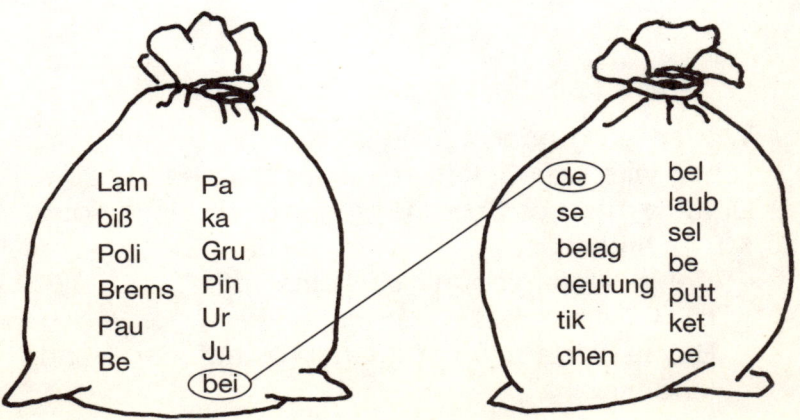

3. Löse das Rätsel und schreibe die Wörter, nach **p** oder **b** geordnet, ins Heft:

Man kann da Autos abstellen:
Frühlingsblume:
Frühlingsmonat:
Er bringt Briefe:
Es kommt per Post:
Wenn etwas nicht klappt:
Herbstmonat:
Er steuert Schiffe:
Vogel, der Briefe befördert:
Ferienzeit:
Das Gegenteil von Glück:

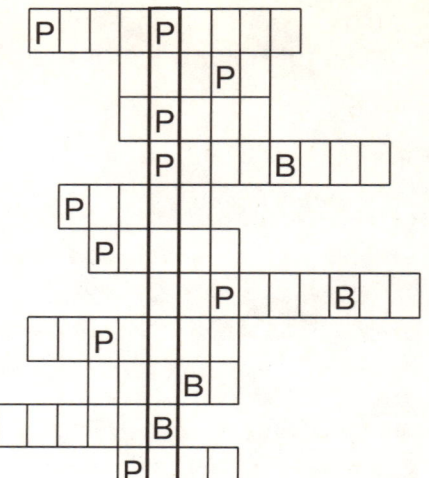

4. Setze richtig **b** oder **p** ein und schreibe die Wörter ins Heft:

_aar, _rief, _lau, _aket, _ost, _ahn, _ißchen, _eide, _unt, Lam_e, _räsident, _olizei, _uch, _rosche, _issen, A_end

5. Laß dir die Anfangsgeschichte in dein Heft diktieren und achte besonders auf **b** und **p**.

g oder k

Wörter mit **g** oder **k** klingen manchmal sehr ähnlich: **g** wird **weich**, **k hart** ausgesprochen.
Durch deutliches Sprechen (halte die Hand vor den Mund) erkennst du:
– Bei **g**-Wörtern spürt man keine Luft
   (z. B. Gegend).
– Bei **k**-Wörtern spürt man Luft auf der Hand
   (z. B. krank).

28

Übungssätze

Ein Lexikon dient zum Nachschlagen.
Die Rakete verglüht im Weltall.
Das Paket ist gut verschnürt und enthält neben
Schokolade auch gesunde Getreideriegel.
Die Fabrikleitung garantiert, daß keine giftigen
Abgase in die Gegend gelangen.
Im Garten sitzt das Kind auf der Schaukel.
Die Christen glauben an Gott, und ihr Symbol ist
das Kreuz.
In der Schulgarderobe befinden sich Haken für die
gesamte Klasse.
Als die Wanderer gerade das Gipfelkreuz erkennen
konnten, brach ein gewaltiges Gewitter los.
Auf dem Wochenmarkt kann man frisches Gemüse
oft kostengünstig kaufen.
Auf der Wiese gräbt der eifrige Maulwurf mitten
im grünen Gras kunstvoll aufgeschichtete Erdhügel.

1. Unterstreiche alle Wörter mit **g** oder **k**.

2. Ordne die Wörter in zwei Spalten in dein Heft:

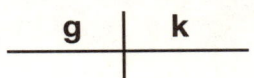

3. Suche die Wörter in den drei Kästen und ordne auch sie richtig ein:

kriechenKanongelingenKrankheitGeschwisterkleben

GutschriftKatzeKugelKerzeErkerGasseGegendGasthaus

KabelKennwortGabelKauzKanzelWagenRanken

4. Setze richtig **g** oder **k** ein:

   öni, Zwillin_, Hun_er, Len_er, _emüse, Ver_ehr, _elände

5. Laß dir alle Sätze noch einmal diktieren und mache die Sprechprobe.

g oder ch

g und **ch** klingen im Auslaut eines Wortes oft ähnlich.
– Wenn du das Wort z. B. durch das Anhängen eines **e** verlängerst und deutlich sprichst, dann kannst du **g** oder **ch** besser heraushören (z. B. ähnli__ + e = ch).
– Wenn der Stamm eines Wortes auf **l** endet, so wird das abgeleitete Eigenschaftswort immer mit **ig** geschrieben (z. B. Kugel – kugelig).

Übungssätze

In der kalten Jahreszeit macht sich in der Natur wie auch bei den Menschen eine <u>deutliche Müdigkeit</u> breit.
Die beiden Zwillingsschwestern sehen sich zum Verwechseln <u>ähnlich</u>.
Dem Schüler fällt das Rechtschreiben schwer, doch besitzt er ausgezeichnete <u>handwerkliche Fähigkeiten</u>.
Das <u>tägliche</u> Fernsehprogramm ist <u>häufig</u> sehr <u>langweilig</u>.

*Aladin erhebt sich mit seinem fliegenden Teppich in luftige Höhen.
Der Autofahrer, der erheblich langsamer fährt, behindert den Verkehr nicht böswillig.
Die Bäume auf dem hügeligen Gelände sind alle kugelförmig gestutzt.
Plötzlich kam der langersehnte Durchbruch.
Die endgültige Entscheidung fiel einstimmig.
Das Gemüse schmeckt leider ziemlich holzig.*

1. Ordne alle unterstrichenen Wörter mit **g oder ch im Auslaut** in einer Tabelle, getrennt nach **g** und **ch**:

g	ch

2. Verlängere folgende Wörter und überlege:

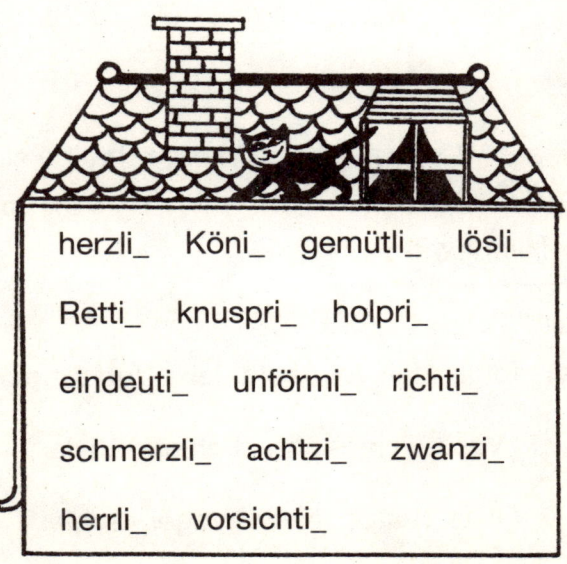

herzli_   Köni_   gemütli_   lösli_

Retti_   knuspri_   holpri_

eindeuti_   unförmi_   richti_

schmerzli_   achtzi_   zwanzi_

herrli_   vorsichti_

3. Laß dir die Sätze noch einmal ins Heft diktieren.

v oder f

> **v** wird **manchmal wie w** gesprochen.
> **Manchmal** klingt es wie **f**.

Mit achtzig

Eine Autofahrerin rast viel zu schnell und ohne jede Vorsicht davon. Die Reifen quietschen und schon hängt das Verbotsschild schief.

Der Verkehrspolizist brüllt genervt: „Was fällt Ihnen ein! So viele Fehler! Die Strafe wird saftig! Mit 80 durch die Ortschaft! Sie werden Ihren Führerschein verlieren!"

Die Fahrerin zupft ihren Pullover in Form und verspricht: „Aber Herr Wachtmeister, bitte glauben Sie mir, es ist wirklich nur der Hut, der mich so alt macht!" ...

1. Unterstreiche alle Wörter mit **v** und **f** und schreibe sie geordnet ins Heft:

f	v	v (klingt wie w)

2. Ordne auch die folgenden Wörter in deine Tabelle ein:

Vetter   oval   Vase   vielleicht   Fehler   Verlag

reif   Würfel   Olive   Vater   Nerv   Vogel   schief

Vers   Vulkan   Pulver   Klavier   viel   brav

Vorsicht   vorn   Strafe   Violine   November   Volk

3. Löse das Rätsel und schreibe die Wörter in dein Heft:

Im Stall steht das

Die Farbe lila heißt auch

Er kann fliegen:

An jedem Reifen ist ein

Er spuckt Lava:

Jemand, der ein Buch schreibt:

Wenn man etwas nicht darf:

Geld muß man

Wenn es nicht sicher ist:

Das Gegenteil von gewinnen

4. Bilde mit den Rätselwörtern je einen Satz und schreibe ihn in dein Heft:
   z. B. Im Stall steht das Vieh.
5. Laß dir die Geschichte in dein Heft diktieren und unterstreiche nochmals alle Wörter mit **v** und **f**.

5. Gleichklingende Selbstlaute

Es gibt auch mehrere Selbstlaute, die sehr ähnlich oder sogar gleich klingen und daher sehr leicht verwechselt werden können. Hier bieten wir dir ein paar Hilfestellungen, damit du mit diesen Lauten besser zurechtkommst:

e oder ä

ä und e klingen selbst bei genauem Hinhören ähnlich:
- Manchmal hilft nur, sich die **Wortbedeutung einzuprägen** (z. B. Lerche = Vogel, Lärche = Baum).
- Manchmal hilft die **Ableitung eines verwandten Wortes** (z. B. nah – die Nähe).

Übungssätze

Auf dem Feld stehen die Getreideähren schon hoch.
Der Ritter fühlt sich in seiner Ehre gekränkt und wirft den Fehdehandschuh.
Im Herbst häufen sich die Sterbefälle.
Die alten Germanen schliefen auf ihren Bärenfellen.
An der Meeresküste entdecken die Urlauber malerische Schären.
Als gutes Werkzeug taugen nur scharfe Scheren.
Die Lerche ist ein Singvogel, der im Herbst in wärmere Länder zieht, im Frühling zurückkehrt und dann am Boden brütet.
Der einzige Nadelbaum, der im Herbst seine Nadeln abwirft, ist bei uns die Lärche.
Bei dem Fest schlugen wir alle kräftig über die Stränge.
Die Schule ist häufig sehr anstrengend für die Kinder.

1. Schreibe alle unterstrichenen Wörter heraus.
2. Suche dann ihre Bedeutung:
   z. B. Ähre = Teil der Getreidepflanze,
   Ehre = Selbstwertgefühl

3. Bilde mit jedem unterstrichenen Wort einen neuen Satz.
4. Setze hier **e** oder **ä** (6 x **e**, 4 x **ä**) ein:

   Anstr_ngung, L_rche, _hre, Sch_ren, _hre,
   Sch_re, F_ll_, anstr_ngend, F_ll, L_rche

5. Ergänze richtig:

k_mpfte, w_chst, H_lligkeit, _ckstoß,

w_rmend, R_tsel, Gef_lle, Verk_hrsunfall,

P_chter, Winterf_ll, G_rtner, Sch_dling,

Anh_nger, Gesch_nk, gesp_rrt

6. Laß dir die Anfangssätze in dein Heft diktieren und achte besonders auf **e** und **ä**.

ai oder ei

ai und **ei** klingen gleich:
– Hier hilft wieder die Suche nach einem verwandten Wort.
– Das **ai** kommt nur in wenigen deutschen Wörtern vor, dafür aber **verstärkt in Fremdwörtern** (z. B. Serail) **oder in Namen** (z. B. Main).

Übungssätze

Früher gab es in Deutschland einen Kaiser.
Die Gitarre besitzt sechs oder manchmal sogar zwölf Saiten.
Das Theaterstück wird von einer Laienspielgruppe aufgeführt.
In den Alpen sind die Kühe den ganzen Sommer über auf der Weide.
Der schnell wachsende Mais ist eine beliebte Futterpflanze.
Zwischen zwei Feldern liegt als Grenze der Rain.
Die Musikgruppe spielt eine flotte Weise auf der Balalaika.
Durch einen tragischen Unfall verloren die Kinder ihre Eltern, wurden zu Waisen und leben jetzt im Waisenhaus.
Frösche suchen als Laichplatz immer das Gewässer, in dem sie selbst geboren wurden.
Den Stein der Weisen zu finden, das ist eine schwierige Aufgabe.

1. Unterstreiche alle Wörter mit **ai** oder **ei** und ordne die Wörter getrennt, nach **ai** und **ei**, in eine Tabelle in deinem Heft:

ai	ei

2. Ordne auch folgende Wörter in deine Tabelle ein:

Trauerweide	Schweigen
unverzeihlich	Laib Brot
Laie	Seite
Reingewinn	Anrainer
Weihnachten	leibliches Wohl

3. Laß dir die Sätze in dein Heft diktieren und unterstreiche nochmals alle Wörter mit **ai** und **ei**.

äu oder eu

Auch **eu** und **äu** klingen gleich.
- Hier hilft die Suche nach dem **Stammwort**: **äu** kommt immer von **au**.
- Wenn du also kein verwandtes Wort mit **au** findest, dann mußt du **eu** schreiben.

Übungssätze

In der letzten Kurve begann der Wagen zu schleudern und landete im Graben.
Ein Sprichwort sagt: „Träume sind Schäume."
Viele Eulen vertilgen sehr gerne Feldmäuse.
Mit Steuergeldern werden auch öffentliche Gebäude und Häuser errichtet.
Die Lieblingsspielzeuge unserer Katze sind ein altes Wollknäuel und ein Spielzeugmäuschen.
In ihrem Leben häuten sich manche Schlangen mehrmals.
Viele Medikamente dürfen nur äußerlich angewendet werden.
Viele Leute glauben auch heute noch an zweifelhafte Traumdeuter.
Wegen seiner Unpünktlichkeit versäumte der Gläubiger einen wichtigen Termin und zeigte dann ernsthafte Reue.
Bei Schnupfen muß man sich öfters räuspern und schneuzen.

1. Unterstreiche alle Wörter mit **äu** oder **eu** und schreibe sie in zwei Spalten, getrennt nach **äu** und **eu**, heraus.
2. Versuche zu den Wörtern mit **äu** ein verwandtes Wort zu finden:
z. B. Träume – der Traum

3. Suche die Wörter im Kasten und setze sie in die Mehrzahl. Achte auf **au** und **äu**: z. B. der Baum – die Bäume.

BaumHausMausHautStraußRaumZaunKauz

4. **eu** oder **äu**?
Fülle die Lücken, ordne die Wörter nach **eu – äu** und schreibe sie in dein Heft:

aufr__men (Raum)   d__tlich (deuten)

f__cht (Feuchtigkeit)   Fr__lein (Frau)

Geb__de (bauen)   gl__big (Glauben)

h__fig (Haufen)   k__flich (kaufen)

M__se (Maus)   Z__gnis (zeugen)

5. Laß dir die Sätze zur Kontrolle diktieren und achte auf **eu** oder **äu**.

6. s-Laute (s, ss, ß)

Die **s**-Laute sind eine große Fehlerquelle bei den Diktaten. Dabei gibt es viele Regeln, die du nur beherzigen mußt, um dieses Problem in den Griff zu bekommen. Hier die wichtigsten Regeln:

- Klingt das Wort **normal**, dann steht **s**: z. B. Rose.
- Wenn der **Selbstlaut vor dem s kurz** klingt **und** wenn **danach ein weiterer Selbstlaut** folgt, **dann** steht **ss**: z. B. Wasser.
- **Am Wortende** wird **aus ss** ein **ß**: z. B. Kuß.
- **Vor dem t** wird **aus ss** ein **ß**: z. B. fassen – faßt.
- **ß bleibt nach langem Selbstlaut und folgendem Selbstlaut**: z. B. Füße.

Im Dornröschenschloß

Im Fluß fließt kein Wasser mehr. Die Straße ist völlig verlassen. Menschen und Tiere hören auf zu essen. Im Sessel schläft die süße Hofdame. Die Mauern bekommen schon große Risse. Wilde Rosen lassen das Schloß fast vergessen. Die Köchin faßt im Schlaf noch die Schüssel. Neben ihr liegt ein Schlüssel. Und wer macht mit alledem Schluß? Willst du es wissen? Ein mutiger Prinz mit einem Kuß!

1. Hier häufen sich die Wörter mit den **s**-Lauten. Unterstreiche sie in der Geschichte und ordne die Wörter mit Hilfe einer Tabelle den richtigen **s**-Lauten zu:

s	ss	ß

2. Spiele Dichter und reime: z. B. Fluß – Schluß, Fluß – ?, gießen – ?, Faß – ?, Schüssel – ?

3. Zeichne die Säcke in dein Heft. Übernimm die Aufschrift und packe richtig ein:

s – das Wort klingt normal.

ss – der Selbstlaut davor klingt kurz, und ein weiterer Selbstlaut folgt.

ß steht
- am Wortende,
- vor dem **t**,
- nach langem und folgendem Selbstlaut.

Tasse	fest	Hase	Paß	Kuß	Schüssel	Messer
Haß	Faß	Straße	Strauß	süß	Sessel	Gruß
Gefäß	schließen	Nase	gießen	Nuß	Schluß	
Schlüssel	lassen	müssen	mußt	küssen	küßt	

4. Bilde die Mehrzahl der folgenden Namenwörter, überlege und schreibe in dein Heft:
z. B. Faß – Fässer

| Kuß | Schluß | Nuß | Fuß | Riß | Schuß | Paß |
| Spaß | Gruß | Strauß | Stoß | Straße | Gefäß | |

5. Setze die folgenden Zeitwörter in die Er-Form. Schreibe in dein Heft:
z. B. lassen – er läßt

fassen   müssen   wissen   passen   essen

6. Schreibe die Wörter ab und setze dabei den richtigen **s**-Laut ein:

Grü_e, fri_t, Na_e, Fä_er, Va_e, Ku_, mu_t, Fu_, Ta_e, wi_en, Schlu_

7. Laß dir die ganze Geschichte von jemandem diktieren. Kontrolliere, ob alles stimmt.
Unterstreiche alle Wörter mit **s**-Lauten.

7. das oder daß?

Ob du **das** oder **daß** schreiben mußt, kommt auf den Sinn des Satzes an, den du gerade schreiben willst. Wie es richtig ist, kannst du auch mit folgender Ersatzprobe herausfinden:

> **das:** – steht als Begleiter (z. B. das Kind);
> – steht nach dem Komma, wenn du dafür auch **welches** oder **dieses** einsetzen kannst.
> **daß:** – steht nach dem Komma, wenn du bei der Ersatzprobe mit **welches** oder **dieses** einen sinnlosen Satz erhältst.

Beim Mittagessen

Mutter ruft: „Das Essen ist fertig." Uli stellt das schöne, blaue Geschirr auf das geblümte Tischtuch. Mama legt das Riesenschnitzel, das sie extra für ihn gebraten hat, auf seinen Teller.

Uli strahlt und verspricht, daß er alles aufessen wird. Mutter lacht: „Hoffen wir, daß es klappt. Jeder weiß, daß du wie ein Bär essen kannst. Aber das Schnitzel, das du jetzt vor dir hast, macht dir bestimmt zu schaffen."

1. Unterstreiche alle **das** und **daß**.

2. Schreibe alle Sätze mit **das** heraus und ersetze es mit **welches** oder **dieses**.

3. Schreibe alle Sätze mit **daß** heraus und versuche auch hier die Ersatzprobe. Du wirst merken, daß es nicht geht.

4. Bei der folgenden Übung sollst du die durcheinandergekommenen Satzteile wieder ordnen. Verbinde die zusammengehörigen Satzteile und setze das Komma richtig ein. Denke an die Ersatzprobe und schreibe die vollständigen Sätze ins Heft:
z. B. Ich hoffe, daß ich die Sachen endlich begreife.

> daß ich die Sachen endlich begreife – Ich hoffe – Ich hoffe – das ich mir so sehr gewünscht hatte – Meine Eltern kauften das Schlafzimmer – daß ich meinen Füller verloren habe – daß ich ein gutes Zeugnis bekomme – Ich gebe zu – Meine Oma schenkte mir das Fahrrad – das ich ihr geliehen hatte – daß ich einen Fehler begangen habe – das ihnen schon immer gefallen hat – Meine Schwester bringt mir das Buch zurück – Ich schaue in mein Federmäppchen und bemerke

5. Überlege und setze ein. Schreibe die Sätze in dein Heft. Unterstreiche **das** und **daß**:
    1. Sie erreichte das Ziel, ... sie sich gesetzt hatte.
    2. Er sagte, ... sei der wichtigste Punkt.
    3. Wetten, ... ich recht behalte?
    4. Allen Leuten recht getan, ... ist eine Kunst, die niemand kann.

6. Laß dir die Geschichte vom Anfang Satz für Satz in dein Heft diktieren. Unterstreiche alle **das** und **daß**.

8. x-Laute (x, gs, chs, ks, cks)

Die Buchstabenverbindungen **x**, **gs**, **chs**, **ks** und **cks** klingen sehr ähnlich. Hier gibt es aber keine bestimmten Regeln zur Unterscheidung der Laute.

> **x**, **gs**, **chs**, **ks** und **cks** kannst du nur durch genaues Hinhören, die Suche nach verwandten Wörtern und viel Übung unterscheiden.

Übungssätze

Im Märchen verzaubert die böse Hexe eine hübsche Nixe in einen dicken Boxer und läßt ihn dann zum Jux in den Kampfring kraxeln.
Der schlaue Fuchs und der kleine Luchs lieben leckeres Fleisch, am liebsten von frischen Lachsen oder jungen Ochsen.
Fast alle Kinder und auch die Erwachsenen lieben knusprige Kekse aus der Büchse.
Die Hofdame versinkt vor ihrem König in einen tiefen Knicks und grüßt freundlich nach links und rechts.
Nach dem Unfall verlief längs der Vorderachse des Taxis ein tiefer Riß.
Manche Leute befinden sich immer im Wachstum, entweder nach oben oder in die Breite.
Manchmal beweisen die Tintenkleckse auf der Kleidung die Faxen der Schüler während des Unterrichts.
Das geschickte Eichhörnchen klettert flugs auf den Baum hinauf.

1. Unterstreiche die Wörter mit **x**, **gs**, **chs**, **ks** oder **cks**.
2. Ordne die Wörter in eine Tabelle nach **x**, **gs**, **chs**, **ks** und **cks**.
3. Suche zu den folgenden Wörtern die passenden Wortfamilien:
   wachsen: z. B. Wachstum, gewachsen …
   klecksen: z. B. Senfklecks, Tintenklecks …
   Hexe: z. B. Hexenschuß, Hexenmeister …
4. Löse das Rätsel und schreibe die Wörter in dein Heft:

Warschau liegt an der ⬜⬜⬜⬜C|H|S⬜

Ein Werkzeug zum Baumfällen: X

Daran hängen die Autoräder: C|H|S

Daraus werden Kerzen gemacht: C|H|S

Damit heizt man: K|S

Zum Mischen von Getränken: X

Das Gegenteil von rechts: K|S

5. Laß dir die Sätze vom Anfang in dein Heft diktieren und unterstreiche nochmals alle Wörter mit **x**-Laut.

9. Umlaute (ä, ö, ü, äu)

Bei Umlauten mußt du besonders aufpassen:
In manchen Wörtern kommen sie wie ein normaler Buchstabe vor, aber oft entstehen sie erst durch Veränderung der Grundform eines Wortes.

Aus Selbstlauten können Umlaute werden, z. B. bei Mehrzahl, Steigerung, Ableitung oder Verkleinerung:
a – **ä**, o – **ö**, u – **ü**, au – **äu**.

Im Herbst

Die Äpfel sind jetzt reif, und der Wind bricht schon kleine Äste von den Bäumen. Es wird täglich kälter, die wärmste Zeit ist vorbei. Es blühen nur noch kleine bunte Blümchen, und das kleine Kätzchen mit seinem kalten Näschen flüchtet immer öfter in die Scheune. Auch die Mäuse ziehen sich jetzt zurück. Die Tage werden immer kürzer und die Nächte länger.

A 1. Unterstreiche **alle Wörter mit einem Umlaut** und schreibe sie, nach den Umlauten geordnet, ins Heft.

2. **Umlaute bei Mehrzahl**

Ordne Einzahl und Mehrzahl richtig zu und schreibe auf: z. B. Apfel – Äpfel

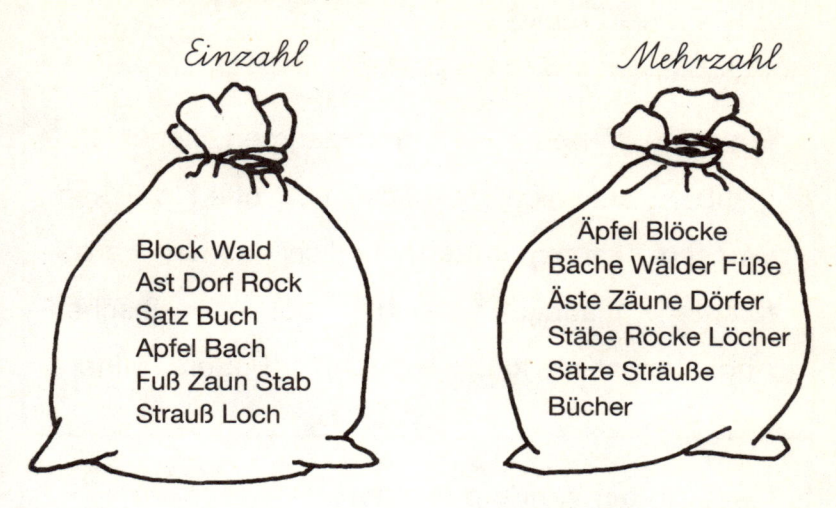

Einzahl

Block Wald
Ast Dorf Rock
Satz Buch
Apfel Bach
Fuß Zaun Stab
Strauß Loch

Mehrzahl

Äpfel Blöcke
Bäche Wälder Füße
Äste Zäune Dörfer
Stäbe Röcke Löcher
Sätze Sträuße
Bücher

3. **Umlaute bei Steigerungen**

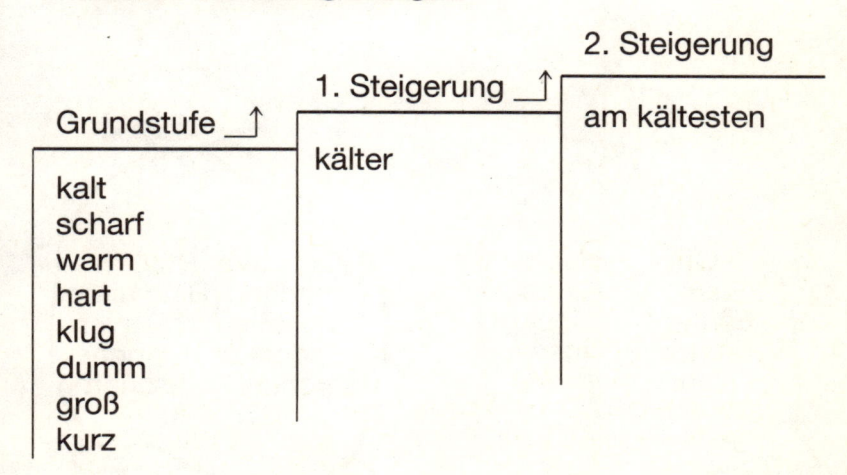

Grundstufe	1. Steigerung	2. Steigerung
kalt	kälter	am kältesten
scharf		
warm		
hart		
klug		
dumm		
groß		
kurz		

Bilde alle drei Steigerungsstufen und schreibe sie ins Heft:
z. B. kalt – kälter – am kältesten

4. **Umlaute bei Ableitungen**

Ordne die richtigen Wörter zu und schreibe sie ins Heft:
z. B. Frau – Fräulein

Frau Tag färben außen froh zähmen lächerlich

glauben äußerlich Furcht Druck offen drücken

Wunsch kaufen füttern täglich lachen Farbe

fürchten gläubig fröhlich Fräulein wünschen

Angst ängstlich käuflich zahm Futter öffnen

---

5. **Umlaute bei Verkleinerungen**

Verbinde richtig und schreibe ins Heft:
z. B. Katze – Kätzchen

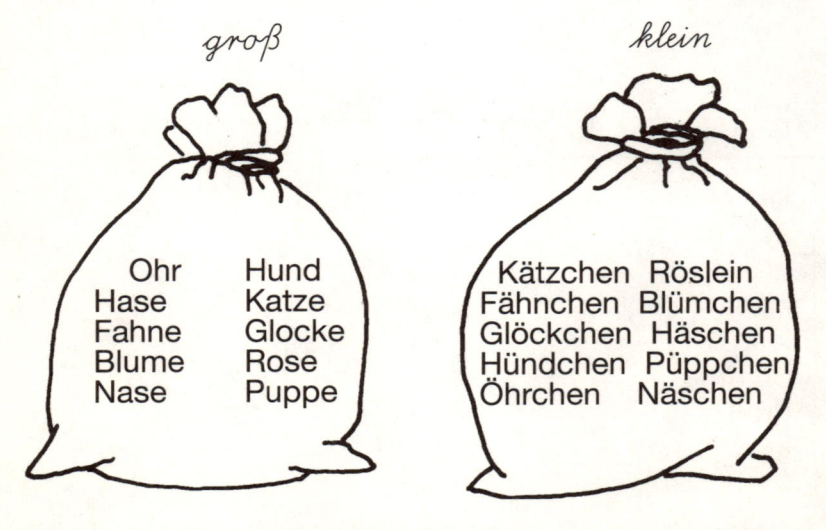

groß

Ohr   Hund
Hase   Katze
Fahne Glocke
Blume Rose
Nase   Puppe

klein

Kätzchen Röslein
Fähnchen Blümchen
Glöckchen Häschen
Hündchen Püppchen
Öhrchen   Näschen

6. Laß dir die Anfangsgeschichte in dein Heft diktieren und unterstreiche nochmals alle Umlaute.

10. Vor- und Nachsilben

Oft wird der Sinn von Wörtern anders, wenn sie eine Vor- oder eine Nachsilbe haben. Hier ein paar Beispiele:

Vorsilben

Vorsilben stehen immer **am Wortanfang** und können heißen:
ent-, weg-, vor-, ver-, hin-, be-, ge-, aus-, ein-, unter-, her-, zer-, gegen-.

Ein kleiner Krimi

Der bekannte Betrüger Albin war wieder einmal gefangen worden und saß jetzt zerknirscht in der Zelle dem Polizisten gegenüber. Der Wachtmeister begann zu schimpfen: „Wo immer Sie hinkommen, überall beginnen Sie nach kurzer Zeit, den Leuten Ärger zu bereiten. So auch mir!"

Albin entdeckte die Eisengitter vor dem Fenster und versuchte sich auszumalen, wie er hier jemals wieder herauskommen könnte. Er zermarterte sich den Kopf. Doch er konnte sich keinen Fluchtweg vorstellen, so gern er auch entkommen wäre. Zum Polizisten aber sagte er gelangweilt: „Ach, ... Verzeihung, ich will Sie nicht verärgern, aber jetzt wird es oft sehr kalt draußen, und deshalb wollte ich für ein paar Tage warm unterkommen!"

1. Unterstreiche **alle Wörter mit einer Vorsilbe** und schreibe sie ins Heft.

2. Bilde aus den Zeitwörtern **neue Wörter mit der Vorsilbe ver-** und unterstreiche die Vorsilbe:
   z. B. verpacken

   _packen, _achten, _bauen, _bieten, _drängen, _drehen, _zählen, _gießen, _jagen, _kleben, _dienen, _rühren, _schließen.

3. Finde die Wörter und schreibe sie mit der Vorsilbe **ver-** ins Heft:

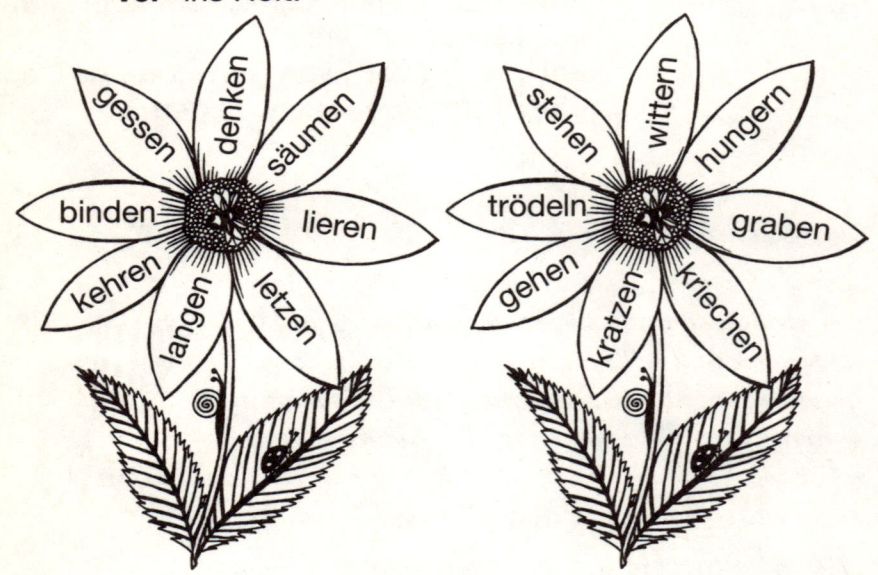

   Blume 1: gessen, denken, säumen, binden, lieren, kehren, langen, letzen

   Blume 2: stehen, wittern, hungern, trödeln, graben, gehen, kratzen, kriechen

4. Bilde aus den Zeitwörtern jeder Blume Sätze und schreibe sie ins Heft:
   z. B. Ich versäume die Turnstunde ...

5. Laß dir den Krimi in dein Heft diktieren und unterstreiche jede Vorsilbe.

Nachsilben

Auch **Nachsilben** können Wörter verändern.
Sie heißen z. B. **-ig, -lich, -heit, -keit, -ung, -bar**.

Die Autopanne

An einem sonnigen Tag blieb ein zehnjähriges Auto plötzlich an einer kleinen Steigung liegen. Der Fahrer versuchte heftig, aber vergeblich, es wieder flott zu machen. Ein Junge kam daher und betrachtete eifrig das Auto. Höflich bot er seine Hilfe an. Schon nach kurzer Zeit war er fertig, und der Motor schnurrte wunderbar. Der Autofahrer gab ihm reichlich Trinkgeld und fragte: „Gehst du eigentlich nicht zur Schule?" Der Bub senkte den Kopf und murmelte: „Bei uns wird doch heute der Schulrat erwartet. Der Lehrer hat mich heimgeschickt, weil ich immer dumme Antworten gebe."
Dem Autofahrer stand vor Verblüffung der Mund offen. Er war nämlich selbst der Schulrat.

1. Unterstreiche **alle Wörter mit Nachsilben** und schreibe sie, in Spalten geordnet, (**-ig, -lich, -bar, -ung, -heit, -keit**), ins Heft.
2. Schreibe die Wörter, in Spalten geordnet, in dein Heft und kennzeichne die Nachsilben: z. B. lös**lich**

lös-, Erinner-, mach-, Erzähl-, wunder-, Heiz-, sonder-, Gleich-, Warn-, eifr-, näm-, Klug-, Müdig-, richt-, höf-, Echt-, Bitter-, wicht-, deut-, Gesund-, Höflich-, fert-, plötz-, Wahr-, Deutlich-, herz-, sonn-

3. Suche die Wörter und schreibe sie auf:

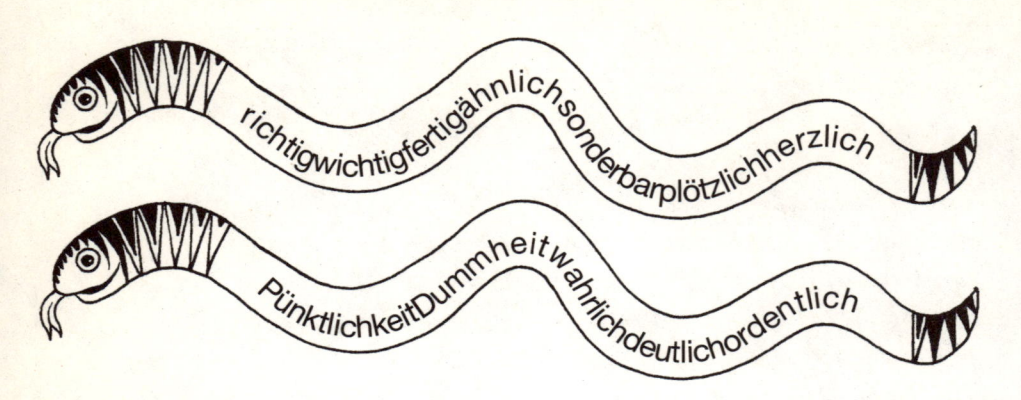

richtig wichtig fertig ähnlich sonderbar plötzlich herzlich

Pünktlichkeit Dummheit wahrlich deutlich ordentlich

4. Überlege dir 10 Sätze mit Wörtern aus der Aufgabe Nr. 2 und schreibe sie in dein Heft:
z. B. Die Erzählung war spannend.

5. Schau dir die Beispielwörter in der Aufgabe 2 nochmals genau an. Suche alle möglichen Kombinationen mit den Nachsilben für Eigenschaftswörter und Namenwörter:
z. B. Lösung, löslich, lösbar.

Ergänze deine Tabelle mit den Wörtern.

6. Laß dir die Anfangsgeschichte in dein Heft diktieren und unterstreiche alle Nachsilben.

11. Wortableitungen

Manche Wörter sind mit anderen Wörtern verwandt.
Man kann sie von ihnen ableiten. Sie werden **ähnlich wie die Ausgangswörter** geschrieben.

Wer ???

Wer zur Wahl geht, der muß wählen.
Wer gequält wird, der erleidet Qualen.
Wer geehrt wird, dem gebührt Ehre.
Wer hungrig ist, der leidet Hunger.
Wer sich schämt, empfindet Scham.
Wer am Leben ist, der ist lebendig.
Wer viel Ärger hat, der ärgert sich.
Wer zum Empfang geht, der wird empfangen.
Wer immerzu raucht, der ist ein Kettenraucher.

1. Suche die Ableitungen, unterstreiche sie und schreibe sie ins Heft:
   z. B. die Wahl – wählen

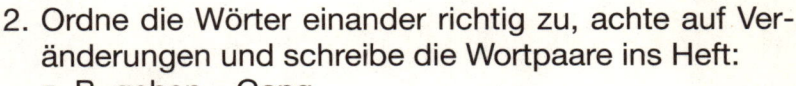

2. Ordne die Wörter einander richtig zu, achte auf Veränderungen und schreibe die Wortpaare ins Heft:
   z. B. gehen – Gang

gehen ärgern glänzen
dauern hängen jubeln
knicken geben stehen
ordnen knallen pinseln
brauchen begründen

Gang Jubel Knick
Gabe Dauer Stand
Ordnung Knall Ärger
Grund Hang Pinsel
Glanz Brauch

3. Reime:

Verlangen – empf __, winseln – p__, heben – l__,
blicken – kn__, fallen – kn__, grämen – sch__,
schälen – qu__, lauern – d__, rauchen – br__

4. Setze die Wortteile zusammen, suche die Ableitung dazu und schreibe beide Wörter auf:
z. B. pinseln – der Pinsel

KNI	PIN	ÄR	BELN	EMPFANG	GERN	LEN	EN
SCHÄ	CKEN	JU	SELN	KNAL	LEN	HUNG	ERN

5. Bilde mit jedem Wort aus Aufgabe Nr. 2 einen Satz:
z. B. Wer nicht bleiben will, kann gehen.

6. Laß dir die Sätze vom Anfang in dein Heft diktieren und unterstreiche die zusammengehörigen Wörter.

12. Trennungsregeln

- **Wir trennen Wörter nach Sprechsilben** (z. B. Te – le – fon). **Einsilbige Wörter kann man nicht trennen** (z. B. jetzt). **Einzelne Buchstaben werden nicht abgetrennt** (z. B. Ofen).

Beachte:
- **Trenne nie st, denn es tut ihm weh** (z. B. Fen – ster).
- **Aus ck wird k – k** (z. B. lek – ken).
- **tz wird in t und z getrennt** (z. B. plat – zen).
- **Aus ss wird s – s** (z. B. Was – ser).
- **Das ß kommt zur 2. Silbe** (z. B. Stra – ße).

1. **Trennen nach Sprechsilben**

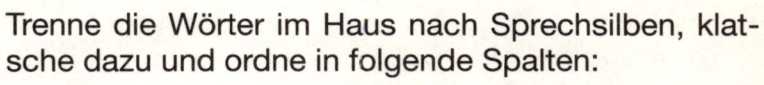

Trenne die Wörter im Haus nach Sprechsilben, klatsche dazu und ordne in folgende Spalten:

einsilbig	zweisilbig	dreisilbig
Meer	her – ein	Hack – bra – ten

Meer aber Stadt Axt Hackbraten plötzlich herein kichern Gießkanne Omnibus Lexikon Theater nagen drängen herunter überall nahe heran hinein Wetter Kälte Nacht Schneider Reife Traum spürbar Spur

2. Trennung bei st

st darfst du **nie trennen**.
Trenne die folgenden Wörter und schreibe in dein Heft:
z. B. Fen – **st**er

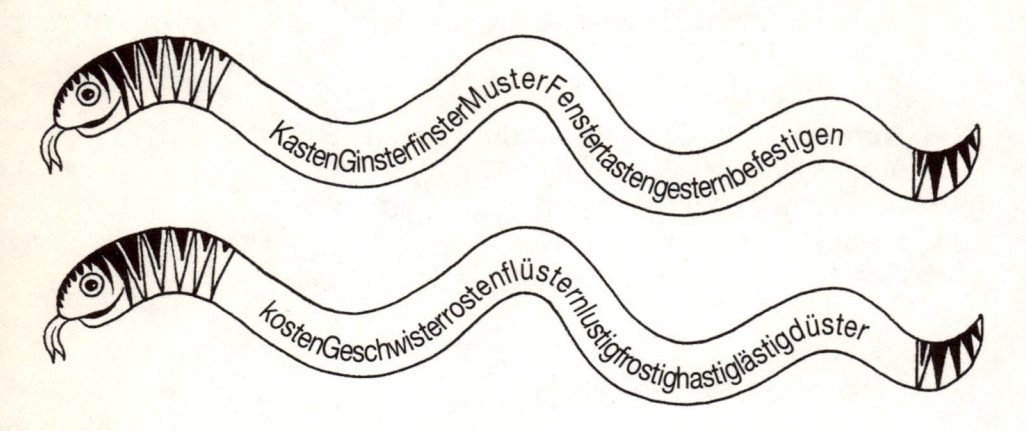

Kasten Ginster finster Muster Fenster tasten gestern befestigen

kosten Geschwister rosten flüstern lustig frostig hastig lästig düster

3. Trennung bei ck

ck wird zu **k – k**.
Achtung: Endet eine Sprechsilbe mit **ck**, so bleibt das **ck**: z. B. Rü**ck** – grat.
Denke nach, trenne die Wörter und schreibe in dein Heft:

Rückgrat   Rücken   Lackschuh   aufwecken

Rucksack   blicken   Flickzeug   drücken   Packung

hocken   Schnecke   Becken   Blickpunkt   nicken

ticken   Jacke   locker   Lücke   schmücken

Druckknopf   schluckweise   Strickzeug

4. **Trennung bei tz**

Du weißt, das **t** kommt zur ersten Silbe, das **z** zur 2. Silbe:
z. B. Kat – ze

Achtung: Endet eine Sprechsilbe mit **tz**, dann trennen wir nach Sprechsilben (z. B. plö**tz** – lich):

Pfütze   sitzen   Spitze   verletzen   Mütze   hetzen

stützen   spritzen   kratzen   schwitzen   sitzen

Metzger   plötzlich   trotzdem

---

5. **Trennung bei ss**

Du weißt, **zwei s** werden in **s** und **s** getrennt.
Trenne die Wörter richtig in dein Heft:
z. B. Ka**s** – **s**e

Kasse   Schlüssel   essen   Wasser   fassen   messen

pressen   müssen   küssen   Rüssel   Tasse   Masse

---

6. **Trennung bei ß**

Du weißt, **ß** kommt zur zweiten Silbe:
z. B. sto - ßen

---

heißen   schließen   reißen   beißen

gießen   grüßen   stoßen

---

7. Setze in alle mehrsilbigen Wörter der folgenden Geschichte Trennungsstriche und schreibe sie in dein Heft:
z. B. Schul-ju-bi-lä-um

Das Schuljubiläum
... Die Schule hat ein Jubiläum. Der Klassenbeste darf eine Rede halten. Er gibt sich große Mühe. Es gelingt ihm, die Masse der Schüler zu begeistern. Alle blicken zu ihm auf. Er spricht locker und gewandt. Niemand bemerkt, daß seine Hände schwitzen.
Nur Fritz sagt: „Ist ja nichts Besonderes, ich hab daheim ein Buch, da steht jedes Wort deiner Rede drin!"
Der Klassenbeste brummt finster: „Das mußt du mir aber sofort beweisen!" Am nächsten Tag hat Fritz das besagte Buch dabei.
Es ist ein Wörterbuch!

8. Laß dir die Geschichte in dein Heft diktieren und vergiß nicht, richtig zu trennen, wenn ein Wort nicht mehr ganz in eine Zeile paßt.

Testdiktate

Wie verbringen die Tiere den Winter?

Für viele heimische Tiere bricht mit dem Winter eine schwierige Zeit an. Jedes Tier löst die Probleme auf andere Art und Weise.
Der Igel, der gerne süßes und reifes Obst, Würmer, Schnecken oder Mäuse frißt, findet natürlich in den strengen Wintermonaten keine Nahrung.
Während der warmen Jahreszeit, in der der Nahrungsvorrat noch unbegrenzt ist, frißt er sich eine dicke Fettschicht an. Im Herbst, wenn es kälter wird, verkriecht er sich unter Laubhäufen, Blättern oder Gras und beginnt, einen Winterschlaf zu halten.
Das Eichhörnchen sammelt im Herbst reichlich Vorräte und vergräbt sie in der Erde an verschiedenen Stellen. An sonnigen Wintertagen, wenn es hungrig wird, wacht es in seinem warmen Nest auf, verläßt es und holt sich aus seinen Verstecken Futter. Dann schläft es wieder mehrere Tage lang.
Viele Tiere schützen sich gegen die eisige Kälte einfach durch ein dickes Winterfell.
Zahlreiche Vögel verlassen im Herbst unsere Gegend und fliegen in wärmere Länder. Man nennt sie deshalb Zugvögel.

Diktatauswertung:

Welche Wörter habe ich falsch geschrieben?
_____
_____
_____
_____

Gesamtfehlerzahl: _____

Sicher auf dem [Rad]

In der vierten Klasse müssen die Schüler eine Fahrradprüfung ablegen. Einige Wochen lang lernen die Kinder anhand eines Arbeitsheftes richtiges Verhalten im Verkehr. Öfters erhalten sie auch praktischen Unterricht durch Polizisten.
Sie müssen wissen, wie ein verkehrssicheres Fahrrad aussehen muß. Kaputte Klingeln und schlechte Bremsen können Radfahrer und Fußgänger in große Gefahr bringen. Sie müssen auch alle Verkehrsschilder, die für Radfahrer wichtig sind, kennen.
Am Tag der Prüfung sind zwanzig Fragen zu beantworten. Meist gibt es dabei keine Schwierigkeiten. Jeder kluge Radfahrer weiß die Grundregel: Vorsicht und Rücksicht sind besonders wichtig.
Später zeigen die Kinder im Verkehrsgarten unter den strengen Augen der Beamten, daß sie Fahrrad und Verkehrsregeln sicher beherrschen. Am Hindernis vorbeifahren, einen Arm zur Seite strecken und nach links abbiegen klappt noch nicht bei allen.
Doch auch hier gilt: Übung macht den Meister. Am Ende winken als Belohnung eine Urkunde und ein Wimpel.

Diktatauswertung:

Welche Wörter habe ich falsch geschrieben?
_____
_____
_____
_____

Gesamtfehlerzahl: _____

Vom Eichhörnchen

Jeder kennt die kleinen, flinken Gesellen, die sich auch in die Nähe der Menschen wagen. An seinen Ohren trägt das Eichhörnchen kleine Haarpinsel. Es wohnt hoch oben in den Baumgipfeln in einem Kobel. Das ist ein kugelförmiges Nest, warm mit Moos, Gras und Laub ausgepolstert. Durch die Höhe ist es für viele Feinde nicht erreichbar. Im Frühling schlüpfen dann 3 – 4 nackte und blinde Junge. Sie werden von der Mutter gut versorgt.
Das Eichhörnchen ist ein äußerst geschickter Kletterer. Seine Pfoten sind fast so beweglich wie Hände und seine Krallen spitz wie Dolche. Der lange und buschige Schwanz wirkt beim Springen wie ein Steuer. So kann es mühelos von Baum zu Baum springen.
Im Herbst beginnt das Tier eifrig mit der Nahrungssuche. Die Vorräte werden an verschiedenen Stellen vergraben. Bricht dann der Winter herein, so schläft es einige Zeit im sicheren Kobel. Ab und zu wacht es auf, um von seinen Vorräten zu fressen und dann wieder zu schlafen. Das Eichhörnchen ist ein Winterschläfer.

Diktatauswertung:

Welche Wörter habe ich falsch geschrieben?
_____
_____
_____
_____

Gesamtfehlerzahl: _____

Ein Brief geht auf die Reise

Früher dauerte es oft Wochen oder Monate, bis eine Nachricht ihren Zielort erreichte. Heute geschieht dies innerhalb kürzester Zeit. Jeder Brief kommt schnell und sicher an, wenn man einige wichtige Dinge beachtet. Die Anschrift des Empfängers muß vollständig und gut lesbar sein.
Die Adresse des Absenders muß ebenfalls vermerkt sein. In die obere rechte Ecke des Briefumschlages wird die Briefmarke geklebt. Nur ausreichend frankierte Briefe werden zeitgerecht transportiert.
Päckchen und Pakete müssen sorgfältig eingepackt sein. Sie werden im Postamt gewogen. Dann wird dazu eine entsprechende Paketkarte ausgefüllt.
Durch die Luftpost braucht ein Brief nur wenige Tage, um auch in die entlegensten Länder der Erde zu gelangen.

Diktatauswertung:

Welche Wörter habe ich falsch geschrieben?
_____
_____
_____
_____

Gesamtfehlerzahl: _____

Vom Igel

Der kleine, stachelige Gartenbewohner ist häufig ein gern gesehener Gast. Er paßte sich der Landschaft, die die Menschen verändert haben, an und gilt deshalb als Kulturfolger. Er wagt sich bis an die Häuser und Gärten der Menschen heran.

Bei drohender Gefahr läuft er nicht davon, sondern rollt sich einfach zu einer stacheligen Kugel zusammen. Die meisten Tiere schrecken vor seinen Stacheln zurück und lassen ihn in Frieden. Überquert er eine Straße und hört er ein Auto kommen, so rollt er sich eben auch zusammen. Doch leider reagieren unsere Autos anders als die Tiere. Die aufgestellten Stacheln bleiben wirkungslos, und so werden Jahr für Jahr viele Igel überfahren.

In Deutschland stehen die Igel unter Naturschutz, weil sie viele Schädlinge, Insekten, Würmer, Schnecken, Mäuse und sogar Kreuzottern fressen.

Der Igel wird meist nachts aktiv und geht dann auf Nahrungssuche. Wer eine Igelfamilie beobachten will, der muß sich in der Abenddämmerung oder im Morgengrauen auf die Lauer legen.

Diktatauswertung:

Welche Wörter habe ich falsch geschrieben?
_____
_____
_____
_____

Gesamtfehlerzahl: _____

Der Patient Wald

Man kann es in allen Zeitungen lesen: Über die Hälfte des Waldes in Deutschland ist krank, geschädigt oder bereits gestorben. Das ist um so schlimmer, als alle Menschen dringend auf den Wald angewiesen sind. Er bietet Lebensraum für viele Waldtiere. Er filtert und reinigt die verschmutzte Luft. Er speichert das Grundwasser wie ein Schwamm. Er schützt vor Wind und Erdrutschen. Er bietet Ruhe und Erholung für gestreßte Menschen.

Doch der saure Regen vernichtet den Wald. Die Abgase aus den Kaminen der Häuser und Fabriken und die Auspuffgase der Autos sind gefährlich. Sie verbinden sich mit den Wasserteilchen in der Luft und fallen als „saurer Regen" nieder. Mit dem Wasser nehmen die Bäume diese Schadstoffe auf und werden dadurch immer schwächer. Schädlinge wie der Borkenkäfer haben jetzt ein leichtes Spiel. Er krabbelt in solche Baumstämme und frißt unter der Rinde Gänge in das Holz. Dadurch wird die Versorgung mit Nährstoffen immer schlechter und schließlich ganz unterbrochen. Der Baum stirbt ab. So geht es langsam, aber sicher bergab. Ob die Kinder in hundert Jahren noch einen richtigen Wald kennen?

Diktatauswertung:

Welche Wörter habe ich falsch geschrieben?
_____
_____
_____
_____
_____

Gesamtfehlerzahl: _____

Umweltsünder

In der Abenddämmerung fährt ein Auto langsam den verbotenen Waldweg entlang. Das Fahrzeug stoppt, und ein Mann steigt aus. Er sieht sich vorsichtig nach allen Seiten um. Dann öffnet er schnell seinen Kofferraum und wirft einen großen Haufen mit vielerlei Müll an die Wegseite in den Graben. Dosen, leere Ölkanister, Plastikbehälter, Lumpen, Zeitungen und Tüten liegen jetzt wild verstreut in der Gegend herum. Doch der Mann schaut sich gewissenlos um, dann will er gerade wieder in seinen Wagen steigen. Plötzlich erschrickt er. Er hört ein Geräusch, springt sofort in sein Auto und braust mit quietschenden Reifen und Vollgas davon. Doch die Wandergruppe, die gerade aus dem Wald kommt, kann gerade noch sein Kennzeichen erkennen und aufschreiben. Die Leute erzählen, daß sie hier in letzter Zeit öfters wilde Müllhalden entdeckt haben. Sofort wird Anzeige erstattet.
Dieser Umweltsünder muß mit einer saftigen Strafe rechnen.

Diktatauswertung:

Welche Wörter habe ich falsch geschrieben?
_____
_____
_____
_____

Gesamtfehlerzahl: _____

Überall Lärm

In der heutigen Welt sind die Menschen fast überall dem Lärm ausgesetzt.
Auf der Straße brummen und dröhnen die Autos und Lastwagen. Auf den Schienen rattern die Personen- und Güterzüge. In der Luft dröhnen die Motoren der Flugzeuge. Besonders die Tiefflieger verursachen einen ohrenbetäubenden Lärm. Zahlreiche Baustellen sorgen ebenfalls für eine lästige Geräuschkulisse. Radio und Fernseher sind in vielen Haushalten weit über Zimmerlautstärke aufgedreht. Die Lautstärke in den Discotheken, in denen viele Jugendliche ihre gesamte Freizeit verbringen, verhindert jedes Gespräch.
Nur selten ist es einmal noch so richtig still. Viele Menschen leiden daher unter Streß, Schlaflosigkeit, Nervosität und Kopfschmerzen. Verminderte Hörfähigkeit oder sogar massive Hörschäden sind die Folgen.

Diktatauswertung:

Welche Wörter habe ich falsch geschrieben?
_____
_____
_____
_____

Gesamtfehlerzahl: _____

Zurück zur Schule

Nach den großen Ferien kehren viele Kinder froh zur Schule zurück. Gerne denken sie aber auch an ihre schönen Erlebnisse in den Sommerferien.
Hans verbrachte seinen Urlaub mit seinen Eltern auf einem Bauernhof. Täglich spielte er wie wild mit dem großen Wachhund dort. Enten, Hühner, Gänse, Schweine, Kühe und Pferde mußten pünktlich gefüttert werden. Fleißig half er auch hier mit.
Maria fuhr ganz allein mit dem Zug zu ihren Großeltern. Sie arbeitete eifrig mit Oma im riesigen Gemüsegarten. Zusammen mit Opa baute sie einen neuen Stall für die zwölf putzigen Stallhasen.
Die Zeit verging wie im Flug.
Die Sonne schien eine lange Zeit, und so brauchten auch die Kinder, die nicht verreisen konnten, nicht traurig sein. Schwimmbad, Zoo, Erlebnispark und Ausflüge ließen keine Langeweile aufkommen.

Diktatauswertung:

Welche Wörter habe ich falsch geschrieben?
_____
_____
_____
_____

Gesamtfehlerzahl: _____

Welcher Weg führt zum Ziel?

Vor vielen Jahren zogen zwei Handwerksburschen durch die Gegend. Es war Sommer, und die Sonne brannte heiß. So beschlossen sie, erst im Mondschein weiterzuwandern. In der Nacht machten sie sich dann auf den Weg.
Sie kamen zu einer Kreuzung und wußten nicht, welche Richtung sie einschlagen sollten. Plötzlich entdeckten sie einen Wegweiser, der vier Arme ausstreckte. Aber es war zu dunkel, und so konnten sie die Aufschrift nicht erkennen. Schnell stieg ein Bursche dem anderen auf die Schultern und zündete ein Streichholz an. Doch der Wind blies es immer wieder aus, und bald war die ganze Schachtel leer.
Beide überlegten sehr lange. Schließlich hatten sie eine gute Idee. Eifrig gruben sie den Wegweiser aus und schleppten ihn an einen windstillen Ort am Waldrand. Dort lasen sie in Ruhe die vier Ortsnamen. Sie freuten sich, daß die richtige Richtung auf dem Wegweiser stand. Aber als sie loslaufen wollten, stellten sie erschrocken fest, daß sie vergessen hatten, welcher Pfeil auf welchen Weg gezeigt hatte.

Diktatauswertung:

Welche Wörter habe ich falsch geschrieben?
_____
_____
_____
_____

Gesamtfehlerzahl: _____

Wenn sich Kleine stark fühlen

Es war Herbst, und eine kleine Maus wollte Wintervorräte sammeln. Sie verirrte sich und geriet in den Weinkeller eines großen Hauses. Viele alte Holzfässer standen herum, und neugierig huschte die Maus nach ein bißchen Futter umher. Aber alles war vergebliche Mühe, nirgends konnte sie etwas finden.
Plötzlich entdeckte sie ein Fäßchen, aus dem etwas Wein tropfte. Sie probierte vorsichtig mit ihrer winzigen Zunge und begann dann, vergnügt zu schlecken. Das unbekannte Getränk schmeckte lecker, und sie konnte nicht genug davon kriegen.
Bald begann sich alles in ihrem Kopf zu drehen. Sie torkelte zwischen den Fässern herum, die Kellertreppe hinauf und fiel fast wieder herunter. Mit funkelnden Augen zog sie sich schließlich am Geländer zu ihrer vollen Größe auf und rief: „Heut' in der Nacht fresse ich die Katze, so wahr ich eine Maus bin!"

Diktatauswertung:

Welche Wörter habe ich falsch geschrieben?
_____
_____
_____
_____

Gesamtfehlerzahl: _____

Der schlaue Rabe

Der Sommer war sehr heiß, und nicht ein Wassertropfen fiel vom Himmel auf die Erde. Flüsse und Bäche trockneten ein, und viele Quellen versiegten.
Ein durstiger Rabe irrte umher und suchte verzweifelt nach einem Tropfen Wassser. Er war schon so erschöpft, daß er kaum noch fliegen konnte. Vor einer alten Hütte entdeckte er plötzlich einen Krug.
Er stürzte gierig hinab und wollte seinen Durst löschen. Leider war das Gefäß nur halbvoll. Der arme Rabe konnte seinen Hals auch noch so recken und strecken, er erreichte das Wasser nicht. Enttäuscht begann er, heftig mit den Flügeln zu schlagen, um den Krug umzukippen. Endlich kam ihm ein Blitzgedanke. Schnell pickte er eine Menge winziger Kieselsteine auf und ließ sie alle in den Krug fallen. Langsam stieg dadurch das Wasser bis an den Rand, und der Rabe konnte nach Herzenslust trinken.

Diktatauswertung:

Welche Wörter habe ich falsch geschrieben?
_____
_____
_____
_____

Gesamtfehlerzahl: _____

Auf Wanderschaft

Nach dem kalten und langen Winter beginnt im März endlich der Frühling. In der Natur regt sich wieder neues Leben. Viele Tiere erwachen aus ihrem Winterschlaf oder ihrer Winterstarre.
Die Kröten kommen aus ihren Erdlöchern, wo sie überwintert haben. Sie beginnen nach Würmern, Fliegen, Spinnen und Schnecken zu suchen. Dann fängt die große Wanderschaft an. Die Kröten machen sich auf den Weg zu dem Tümpel, in dem sie selbst geschlüpft sind. Dort werden auch sie ihren Laich ablegen.
Dabei müssen sie oft gefährliche Straßen überqueren. Viele Kröten finden so ihren Tod. Naturschützer bauen Zäune an den Straßenrand. In Abständen werden Eimer in den Boden eingegraben. Wenn die Kröten nun am Zaun ankommen, suchen sie den Weg zu ihrem Teich. Sie kriechen die Absperrung entlang und fallen dabei in die eingegrabenen Eimer. Abends werden dann die Eimer von freiwilligen Helfern auf die andere Straßenseite getragen. So können die Kröten dann doch ihren Tümpel finden.

Diktatauswertung:

Welche Wörter habe ich falsch geschrieben?
_____
_____
_____
_____

Gesamtfehlerzahl: _____

Der Weg eines Regentropfens

Wenn ein Regentropfen über seine weiten Reisen erzählen könnte, hätte er viel zu berichten.
Wasser besteht aus ganz winzig kleinen Wassertröpfchen, den Wasserteilchen. Wenn es warm wird, dann verdunsten diese Teilchen. Sie verschwinden aus der Pfütze oder aus dem See und steigen nach oben in die Luft.
Hoch oben verdichten sie sich zu Wolken, weil die Temperatur in der Höhe abnimmt. Die Wolken sammeln sich und überqueren oft weite Strecken. Wenn sie voll von kleinen Wasserteilchen sind, beginnen sie sich abzuregnen. Die Wasserteilchen fallen dann wieder als Regen vom Himmel.
Das Wasser versickert in der Erde, wird zu Grundwasser und tritt später irgendwo als Quelle wieder ans Tageslicht. Aus dem kleinen Bächlein wird ein Fluß, der in einen See mündet. Oder der Fluß entwickelt sich zu einem breiten Strom, der dann ins Meer fließt. Und schon beginnt dieser ewige Kreislauf von vorn.

Diktatauswertung:

Welche Wörter habe ich falsch geschrieben?
_____
_____
_____
_____

Gesamtfehlerzahl: _____

Lösungen

Groß oder klein
Zeitwörter werden zu Namenwörtern   Seite 8

1. Du kannst zehn großgeschriebene Zeitwörter finden: das <u>L</u>esen, das <u>S</u>chreiben, das <u>R</u>echnen, beim <u>M</u>elden, das <u>A</u>uswendiglernen, zum <u>S</u>ingen, zum <u>M</u>alen, beim <u>R</u>ennen, beim <u>S</u>pielen, fürs <u>T</u>urnen

2. **Begleiter + Zeitwort:**
   das Lesen, das Rechnen, das Auswendiglernen
   Verhältniswort + Zeitwort:
   beim Rechnen, zum Singen, zum Malen
   beim Rennen, beim Spielen, fürs Turnen

3. Fritz, Schultag, Haus, Mutter, Schule, Arm, Lust, Pause

Eigenschaftswörter werden zu Namenwörtern   Seite 9

1. <u>k</u>leine Zirkus, viel <u>I</u>nteressantes, <u>l</u>ustige Clown, dem <u>D</u>unkeln, das <u>W</u>ichtigste, etwas <u>D</u>ickes; <u>k</u>leiner, <u>w</u>ohlgenährter Hund; etwas <u>S</u>chmackhaftes, <u>s</u>portliche Artisten, in <u>S</u>chwarz, manch <u>G</u>efährliches, das <u>S</u>chwierigste, <u>a</u>temberaubende Menschenpyramide, <u>k</u>urzer Zeit, <u>e</u>ifrige Helfer, alles <u>N</u>otwendige, ins <u>L</u>ächerliche

2. **Eigenschaftswörter, die zum Namenwort gehören (kleingeschrieben):**
   der <u>k</u>leine Zirkus, der <u>l</u>ustige Clown, ein <u>k</u>leiner, <u>w</u>ohlgenährter Hund, <u>s</u>portliche Artisten, <u>a</u>temberaubende Menschenpyramide, <u>k</u>urze Zeit, <u>e</u>ifrige Helfer
   Begleiter + Eigenschaftswort (großgeschrieben):
   dem <u>D</u>unkeln, das <u>W</u>ichtigste, das <u>S</u>chwierigste
   Verhältniswort und Eigenschaftswort (großgeschrieben):
   in <u>S</u>chwarz, ins <u>L</u>ächerliche

unbestimmtes Zahlwort + Eigenschaftswort (großgeschrieben):
viel Interessantes, etwas Dickes, etwas Schmackhaftes, manch Gefährliches, alles Notwendige

3. Die Kombinationen könnten beispielsweise so lauten: etwas Erfreuliches, nichts Billiges, das Wichtigste, ins Schwarze, zum Besseren

Dehnung von Wörtern
Dehnung mit h

Seite 10-12

1. Diese 18 Wörter sind mit **h** gedehnt worden: gefährlicher, geht, ähnlich, gehst, sehr, gefährliche, stehst, Kahn, fährst, Mühe, fühlst, Ohren, umkehren, führst, bohren, Gefahr, abwehren, Wahnsinn

2. Bahn, fühlen, Vieh, ungefähr, wehren, umkehren, roh, zäh, blüht

3. 1 Bahn, 2 Draht, 3 Frühling, 4 glühen, 5 Höhle, 6 kühl, 7 mähen, 8 Rahmen, 9 roh, 10 Ruhe, 11 Sohn, 12 stehen, 13 wählen, 14 wehren, 15 zahlen

4. **eh:** Fehler, zehn, Lehrer, zehren

   uh/üh: rührt, blühen, Mühe, Ruhe, Truhe, rührt, Schuhe, Stuhl

   ah/äh: erzählt, nahe, Gefahr, Jahr, während, ungefähr

   oh: Lohn, Bohrturm, Wohnung, Sohn

5. DRAHT
   EHEPAAR
   SOHLE
   KÄNGURUH
   NAHRUNG
   MAHNUNG
   GEZÄHMT

   Lösungswort: DEHNUNG

Dehnung mit ie

Seite 13/14

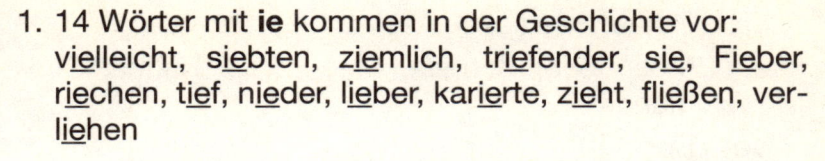

1. 14 Wörter mit **ie** kommen in der Geschichte vor:
   v*ie*lleicht, s*ie*bten, z*ie*mlich, tr*ie*fender, s*ie*, F*ie*ber, r*ie*chen, t*ie*f, n*ie*der, l*ie*ber, kar*ie*rte, z*ie*ht, fl*ie*ßen, verl*ie*hen

2. Die beiden Schlangen haben folgende Wörter verschluckt:
   Beisp*ie*l, fl*ie*ßen, g*ie*ßen, marsch*ie*ren, M*ie*te, n*ie*drig, n*ie*mals, n*ie*mand, r*ie*chen, St*ie*l, V*ie*h, v*ie*lleicht, w*ie*gen, t*ie*f, schw*ie*rig, s*ie*gen, L*ie*d, kr*ie*chen, Sp*ie*gel

3. **Namenwörter:**
   Beispiel, Miete, Stiel, Vieh, Lied, Spiegel
   Zeitwörter:
   fließen, gießen, marschieren, riechen, wiegen, siegen, kriechen
   Eigenschaftswörter:
   niedrig, tief, schwierig

4. diktieren, reparieren, funktionieren, lackieren, gratulieren, montieren, probieren

5. Aus den beiden Säcken lassen sich diese Wörter mischen:
   Spiegel, vier, Papier, kariert, Fieber, isolieren, ziehen, Krieg, liefern

6. SPIEGEL
   FAMILIE
   RASIEREN
   ABSCHIED

   Lösungswort: LIED

7. Folgende Wörter sind in den Buchstabenreihen versteckt:
   Vielleicht, niemand, sieben, niemals, Miete, kariert, Frieden, Paradies

Seite 15/16

Dehnung durch Selbstlautverdoppelung

1. **aa:** Haare, Speiseaal, Aal
   ee: Meer, See, Schnee, Ideen, Tee, Kaffee, Seemann
   oo: Boot

2. **aa:** Paar, Saal, Haare, Waage, Aal
   ee: See, Tee, Klee, Schnee, Beeren, Idee, leer, Meer
   oo: doof, Moos, Boot, Zoo

3. 1. Blume: Aal, Saal, Paar, Staat, Haar, Saat, Saar, Waage
   2. Blume: doof, Moos, Zoo, Boot, Moor
   3. Blume: Klee, Meer, Beere, Seele, Tee, Schnee, Gelee, See

4. STAAT
   SEEMANN
   KLEE
   SCHNEEWITTCHEN
   MOOS
   WAAGE
   HAARSCHNITT
   SEE
   TEER
   PAAR
   ALLEE
   BOOT

   Lösungswort: AMEISENSTAAT

5. Die Silben aus den beiden Säcken ergeben sechs Wörter:
   Saat-gut, Tour-nee, Bee-ren, Saar-land, Pü-ree, Ge-lee

Schärfung von Wörtern
Doppelte Mitlaute

Seite 17-19

2. **mm:** Rumpelkammer, Zimmer, Gummiball
   ll: Keller, allerschönste, alles, Teller, Gummiball, Brille
   tt: Mutter, mittendrin, Ketten, Pferdesattel
   pp: Treppe, Teppich, Puppenküche, Pappe
   ss: Sessel, Kissen, Messer, Tassen, Schüsseln
   ff: Koffer, Löffel, Karaffen, Schiffchen
   rr: Geschirr
   nn: Kannen

3. Brille, Giraffe, Roggen, irren, Gummi, doppelt, Antenne, Interesse, zittern

4. Die Grundformen der Zeitwörter lauten:
   er klettert – klettern, hoffen, gewinnen, passen, bellen, bitten, fallen, müssen, essen, brennen, spotten, brummen, wetten, zappeln, rollen, trennen, knallen, massieren, treffen, können

5. VERRATEN
   BRETTERN
   UNTERRICHT
   DOTTER
   KARTOFFEL
   GRUPPE
   SUPPE
   ROGGEN
   SCHLITTEN
   BUTTER
   INNEN
   DOGGE

   Lösungswort: VERDOPPELUNG

Seite 20 **Wörter mit tz**

1. Blitze, flitzen, Fritz, sitzen
   Katze, tratzt, Tatz', gekratzt

2. Mögliche Reime sind:
   Witz, setzen, schützen, spritzen

3. Katze, Netz, zuletzt, Metzger, setzen, Gesetz, spritzen, putzen, verletzen, trotzdem, jetzt, plötzlich, witzig, Pfütze.

4. Die richtigen Wörter lauten:
   hetzen, trotzdem, spritzen, plötzlich, kratzen, Metzger

Seite 21/22 **Wörter mit ck**

1. Folgende Wörter mit **ck** sind in der Geschichte:
   dicke, entdecken, locker, trockene, schluckt, Jackentasche, leckt, verschlucken, blickt, Geschmack, schlucken, nickt, zucken, Backen

2. Sicher hast du auch die passenden Namenwörter gefunden:
   schicken – das Geschick, hocken – die Hocke, schmecken – der Geschmack, packen – die Packung, stricken – das Strickzeug, schlucken – der Schluck, nicken – das Genick, knicken – der Knick, bücken – der Buckel, backen – das Gebäck, schmücken – der Schmuck, drücken – der Druck, blicken – der Blick

3. Die Wörter werden folgendermaßen getrennt:
   ein–strik–ken, hin-blik-ken, weg-rük-ken, lek-ken, strek-ken, Stek-ken, ab-schmek-ken, ver-schluk-ken, lok-ker, Hok-ker, Jak-ke, Bak-ke

   Achtung:
   drück-te, bück-te, weck-te, ent-deck-te, er-schreckte, schick-te

4. Sack, Rock, flicken, zwicken, Decke, Hecke, Glück, lackieren, Rücken, schlucken, Block, dick, Jacke, dreckig, rücken

Wörter mit z oder k *Seite 23/24*

1. **z:** Zahnarzt, Zahnschmerzen, Arzt, Herz, Scherz, Spritze, faulenzen, Witze, Geschwätz
   k: merkt, sinken, ablenken, bemerkt, merken, denken

2. **z:** SALZ, SCHMERZ, SCHERZ, MÄRZ, KURZ, NERZ, WINZIG
   k: MARKE, FERKEL

   Lösungswort: SCHÄRFUNG

3. winken, denken, danken, trinken, schenken, merken, sinken, lenken

4. Die Reime könnten so lauten:
   stolz – Holz, Schmalz – Salz, Harke – Marke, Nerz – Scherz, sinken – trinken, denken – schenken

5. einzeln, Salz, Schmerz, Schürze, wirken, Wolke, Herz, winken, sinken, Volk, Holz, Stolz, Arzt, Ärztin, Zahnarzt, Warze

Gleichklingende Mitlaute
t oder d *Seite 25/26*

1. In den Redensarten sind elf Wörter mit **t** und elf mit **d**:

   t: Redensarten, gebranntes, scheut, Tag, nicht, ist, glänzt, selbst, findet, bellt, beißt

   d: Redensarten, Kind, das, den dem, Abend, Gold, blindes, findet, Hund, der

2. Die einzelnen Wörter heißen:
   - **t:** bunt, deutlich, fertig, Geburt, Getreide, Liter, Mantel, Motor, Note, Zelt, Paket, tapfer, Zeit
   - **d:** blind, Boden, deutlich, drehen, Geld, Getreide, müde, niemand, Pfund, rund

3. Das ist die richtige Zuordnung:
   - **t:** Elefant, hundert, kalt, tausend, Heft, Garten
   - **d:** Pferd, Sand, Wand, Herd, bald, hundert, Wald, Strand, Stunde, tausend

4. Mögliche Reime sind:
   Hunde, bald, wild, Wind, warten, Gedichte, matt, Leute, Winter, blutig, Land

5. GOLD
   BLUT
   BEET
   ZIMT
   SCHILD
   HEMD
   KIND
   LUFT
   LAND
   HUND
   GELD

   Lösungswort: GLEICHKLANG

   - **t:** BLUT, BEET, ZIMT, LUFT
   - **d:** GOLD, SCHILD, HEMD, KIND, LAND, HUND, GELD

Seite 27/28

p oder b

1. Sieben Wörter mit **p** und elf Wörter mit **b** kommen in der Geschichte vor:
   - **p:** Polizist, September, Pläne, per, Postbote, pausenlos, Radioprogramm

- **b:** Urlaub, September, ob, Omnibus, Bahn, Abend, Überlegungen, bringt, Postbote, Brief, dabei

2. Lampe, bißchen, Politik, Bremsbelag, Pause, Bedeutung, Paket, kaputt, Grube, Pinsel, Urlaub, Jubel, beide

3. PARKPLATZ
   TULPE
   APRIL
   POSTBOTE
   PAKET
   PANNE
   SEPTEMBER
   KAPITÄN
   TAUBE
   URLAUB
   PECH

   Lösungswort: PUPPENSTUBE

   - **p:** PARKPLATZ, TULPE, APRIL, POSTBOTE, PAKET, PANNE, SEPTEMBER, KAPITÄN, PECH
   - **b:** POSTBOTE, SEPTEMBER, TAUBE, URLAUB

4. Paar, Brief, blau, Paket, Post, Bahn, bißchen, beide, bunt, Lampe, Präsident, Polizei, Buch, Brosche, Bissen, Abend

g oder k

Seite 29/30

2. In den Übungssätzen sind folgende Wörter mit **g** oder **k** zu finden:

   - **g:** Nachschlagen, verglüht, gut, gesunde, Getreideriegel, Fabrikleitung, garantiert, giftigen, Abgase, Gegend, gelangen, Garten, glauben, Gott, Schulgarderobe, gesamte, gerade, Gipfelkreuz, gewaltiges, Gewitter, Gemüse, kostengünstig, gräbt, eifrige, grünen, Gras, aufgeschichtete, Erdhügel

    k: Lexikon, Rakete, Paket, Schokolade, Fabrikleitung, keine, Kind, Schaukel, Kreuz, Haken, Klasse, Gipfelkreuz, erkennen, konnten, Wochenmarkt, kostengünstig, kaufen, kunstvoll

3. Die Kästen beinhalten folgende Wörter:

    g: gelingen, Geschwister, Gutschrift, Kugel, Gasse, Gegend, Gasthaus, Gabel, Wagen

    k: kriechen, Kanon, Krankheit, kleben, Katze, Kugel, Kerze, Erker, Kabel, Kennwort, Kauz, Kanzel, Ranken

4. Die richtige Lösung lautet:
König, Zwilling, Hunger, Lenker, Gemüse, Verkehr, Gelände

Seite 31   **g oder ch**

1. Zwölf Wörter mit **g** und neun Wörter mit **ch im Auslaut** sind in den Übungssätzen unterstrichen:

    g: Müdigkeit, Fähigkeiten, häufig, langweilig, luftig, böswillig, hügelig, kugelförmig, endgültig, Entscheidung, einstimmig, holzig

    ch: deutlich, ähnlich, handwerklich, täglich, Teppich, erheblich, plötzlich, Durchbruch, ziemlich

2. Wenn du alles richtig eingesetzt hast, dann hast du folgende Lösung gefunden:
herzliche, Könige, gemütliche, lösliche, Rettiche, knusprige, holprige, eindeutige, unförmige, richtige, schmerzliche, achtziger, zwanziger, herrliche, vorsichtige

Seite 32/33   **v oder f**

1. In der Geschichte finden sich zwölf Wörter mit **f**, zehn Wörter mit **v** und ein Wort mit einem **v**, das **wie w** klingt:

    f: Autofahrerin, Reifen, schief, fällt, Fehler, Strafe, saftig, Ortschaft, Führerschein, Fahrerin, zupft, Form

    v: viel, Vorsicht, davon, Verbotsschild, Verkehrspolizist, genervt, viele, verlieren, verspricht

    v (wie w):   Pullover

2. **f:**   Fehler, reif, Würfel, schief, Strafe

    v: Vetter, vielleicht, Verlag, Vater, Nerv, Vogel, Vers, viel, brav, Vorsicht, vorn, Volk

    v (wie w):   oval, Vase, Olive, Vulkan, Pulver, Klavier, Violine, November

3. VIEH
   VIOLETT
   VOGEL
   VENTIL
   VULKAN
   VERFASSER
   VERBOT
   VERDIENEN
   VIELLEICHT
   VERLIEREN

Lösungswort: VOGELFEDER

Gleichklingende Selbstlaute
e oder ä
        Seite 35

2. Hast du die passende Bedeutung gefunden?
Ähre = Teil der Getreidepflanze, Ehre = Selbstwertgefühl, Sterbefälle = Todesfälle, Bärenfell = Haut eines Bären, Schären = Klippen im Meer, Schere = Werkzeug, Lerche = Vogel, Lärche = Nadelbaum, über die Stränge schlagen = über das Ziel hinausschießen, anstrengend = mühevoll

4. Anstrengung, Lerche, Ehre, Schären, Ähre, Schere, Fälle, anstrengend, Fell, Lärche

5. In dem Haus sind folgende Wörter versteckt:
kämpfte, wächst, Helligkeit, Eckstoß, wärmend, Rätsel, Gefälle, Verkehrsunfall, Pächter, Winterfell, Gärtner, Schädling, Anhänger, Geschenk, gesperrt

Seite 36 ai oder ei

1. Fünf Wörter mit **ei** und neun Wörter mit **ai** lassen sich in den Übungssätzen finden:

    ei: Weide, zwei, Weise, Stein, Weisen

    ai: Kaiser, Saiten, Laienspielgruppe, Mais, Rain, Balalaika, Waisen, Waisenhaus, Laichplatz

2. In deiner Tabelle kommen noch sieben Wörter mit **ei** und drei mit **ai** dazu:

    ei: Trauerweide, Schweigen, unverzeihlich, Seite, Reingewinn, Weihnachten, leibliches Wohl

    ai: Laib Brot, Laie, Anrainer

Seite 37/38 äu oder eu

1. In diesen Übungssätzen kommen neun Wörter mit **eu** und zwölf Wörter mit **äu** vor:

    eu: schleudern, Eulen, Steuergelder, Lieblingsspielzeug, Leute, heute, Traumdeuter, Reue, schneuzen

    äu: Träume, Schäume, Feldmäuse, Gebäude, Häuser, Wollknäuel, Spielzeugmäuschen, häuten, äußerlich, versäumte, Gläubiger, räuspern

2. Mögliche verwandte Wörter sind z. B.:
Träume – der Traum, Schäume – der Schaum, Feldmäuse – die Maus, Gebäude – bauen, Häuser – Haus,

häuten – die Haut, äußerlich – außen, versäumen – der Saum, Gläubiger – glauben

3. Die Wörter mit ihrer richtigen Mehrzahl lauten so:
Baum – Bäume, Haus – Häuser, Maus – Mäuse, Haut – Häute, Strauß – Sträuße, Raum – Räume, Zaun – Zäune, Kauz – Käuze

4. **eu:** deutlich, feucht, Zeugnis
äu: aufräumen, Fräulein, Gebäude, gläubig, häufig, käuflich, Mäuse

s-Laute

Seite 39–41

1.

s	**ss**	**ß**
ist, Rosen, das, fast, willst, es	Wasser, verlassen, essen, Sessel, Risse, lassen, vergessen, Schüssel, Schlüssel, wissen	Schloß, Fluß, fließt, Straße, süße, große, faßt, Schluß, Kuß

2. Das wären mögliche Reime:
Fluß – Kuß, gießen – fließen, Faß – Paß, Schüssel – Rüssel

3. Jetzt sind die Säcke richtig gefüllt:

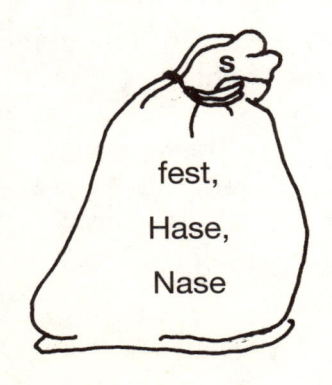

s: fest, Hase, Nase

s – Das Wort klingt normal.

ss

Tasse, Schüssel, Messer, Sessel, Schlüssel, lassen, müssen, küssen

ss – der Selbstlaut davor ist kurz, und ein weiterer Selbstlaut folgt.

ß

Paß, Kuß, Haß, Faß, Straße, Strauß, süß, Gruß, Gefäß, schließen, gießen, Nuß, Schluß, mußt, küßt

ß steht
- am Wortende,
- vor dem **t**,
- nach langem und folgendem Selbstlaut.

4. Da du sicher die Regeln im roten Kasten beachtet hast, bist du bestimmt auf die richtige Lösung gekommen:
Faß – Fässer, Kuß – Küsse, Schluß – Schlüsse, Nuß – Nüsse, Fuß – Füße, Riß – Risse, Schuß – Schüsse, Paß – Pässe, Spaß – Späße, Gruß – Grüße, Strauß – Sträuße, Stoß – Stöße, Straße – Straßen, Gefäß – Gefäße

5. lassen – er läßt, fassen – er faßt, müssen – er muß, wissen – er weiß, passen – er paßt, essen – er ißt

6. Grüße, frißt, Nase, Fässer, Vase, Kuß, mußt, Fuß, Tasse, wissen, Schluß

das oder daß

1. **Beim Mittagessen**
   Mutter ruft: „<u>Das</u> Essen ist fertig." Uli stellt <u>das</u> schöne blaue Geschirr auf <u>das</u> geblümte Tischtuch. Mama legt <u>das</u> Riesenschnitzel, <u>das</u> sie extra für ihn gebraten hat, auf seinen Teller.
   Uli strahlt und verspricht, <u>daß</u> er alles aufessen wird. Mutter lacht: „Hoffen wir, <u>daß</u> es klappt. Jeder weiß, <u>daß</u> du wie ein Bär essen kannst. Aber <u>das</u> Schnitzel, <u>das</u> du jetzt vor dir hast, macht dir bestimmt zu schaffen."

2. Mutter ruft: „<u>Dieses</u> Essen ist fertig."
   Uli stellt <u>dieses</u> schöne blaue Geschirr auf <u>dieses</u> geblümte Tischtuch.
   Mama legt <u>dieses</u> Riesenschnitzel, <u>welches</u> sie extra für ihn gebraten hat, auf seinen Teller.
   „Aber <u>dieses</u> Schnitzel, <u>welches</u> du jetzt vor dir hast, macht dir bestimmt zu schaffen."

3. Uli strahlt und verspricht, <u>daß</u> er alles aufessen wird.
   Mutter lacht: „Hoffen wir, <u>daß</u> es klappt.
   Jeder weiß, <u>daß</u> du wie ein Bär essen kannst."

4. Schau dir die zusammengesetzten Sätze nochmal an und überlege dir, warum **das** oder **daß** eingesetzt wurde:
   Ich hoffe, <u>daß</u> ich ein gutes Zeugnis bekomme.
   Meine Eltern kauften das Schlafzimmer, <u>das</u> ihnen schon immer gefallen hat.
   Ich gebe zu, <u>daß</u> ich einen Fehler begangen habe.
   Meine Oma schenkte mir das Fahrrad, <u>das</u> ich mir so sehr gewünscht hatte.
   Meine Schwester bringt mir das Buch zurück, <u>das</u> ich ihr geliehen hatte.
   Ich schaue in mein Federmäppchen und bemerke, <u>daß</u> ich meinen Füller verloren habe.

5. 1. welches – das   3. daß
   2. dieses – das   4. dieses – das

Seite 42/43

Seite 45 **x-Laute**

2. Folgende Wörter mit unterschiedlichen **x**-Lauten lassen sich in den Übungssätzen finden:

   x: Hexe, Nixe, Boxer, Jux, kraxeln, Taxi, Faxen
   gs: längs, flugs
   chs: Fuchs, Luchs, Lachs, Ochse, Erwachsener, Büchse, Achse, Wachstum
   ks: Kekse, links
   cks: Knicks, Klecks

3. Zu den Wortfamilien gehören beispielsweise:
   – **wachsen:** Wachstum, Wachstuch, erwachsen
   – **klecksen:** Sahneklecks, Klecktechnik, Tintenklecks, klecksen, vollgekleckst
   – **Hexe:** verhext, Hexenmeister, Hexenhaus, Wetterhexe, Hexenspruch

4. WEICHSEL
   AXT
   ACHSE
   WACHS
   KOKS
   MIXER
   LINKS

   Lösungswort: SACHSEN

Seite 46-48 **Umlaute**

1. **ä:** Äpfel, Äste, täglich, kälter, wärmste, Kätzchen, Näschen, Nächte, länger
   ü: blühen, Blümchen, flüchtet, zurück, kürzer
   äu: Bäume, Mäuse
   ö: öfter

2. Die richtige Mehrzahl lautet:
   Block – Blöcke, Wald – Wälder, Ast – Äste, Dorf – Dörfer, Rock – Röcke, Satz – Sätze, Buch – Bücher, Apfel – Äpfel, Bach – Bäche, Fuß – Füße, Zaun – Zäune, Stab – Stäbe, Strauß – Sträuße, Loch – Löcher

3.

Grundstufe	1. Steigerung	2. Steigerung
kalt	kälter	am kältesten
scharf	schärfer	am schärfsten
warm	wärmer	am wärmsten
hart	härter	am härtesten
klug	klüger	am klügsten
dumm	dümmer	am dümmsten
groß	größer	am größten
kurz	kürzer	am kürzesten

4. Die passenden Kombinationen sehen so aus:
   Frau – Fräulein, Tag – täglich, färben – Farbe, außen – äußerlich, froh – fröhlich, zähmen – zahm, lächerlich – lachen, glauben – gläubig, Furcht – fürchten, Druck – drücken, offen – öffnen, Wunsch – wünschen, kaufen – käuflich, füttern – Futter, Angst – ängstlich

5. Aus den beiden Säcken ergeben sich diese Wortpaare:
   Ohr – Öhrchen, Hund – Hündchen, Hase – Häschen, Katze – Kätzchen, Fahne – Fähnchen, Glocke – Glöckchen, Blume – Blümchen, Rose – Röschen, Nase – Näschen, Puppe – Püppchen

Vor- und Nachsilben
Vorsilben

Seite 49/50

1. In dem Krimi sind 19 Wörter mit Vorsilbe:
   bekannte, Betrüger, gefangen, zerknirscht, gegenüber, begann, hinkommen, bereiten, entdeckte, versuchte, auszumalen, herauskommen, zermarterte, vorstellen, entkommen, gelangweilt, Verzeihung, verärgern, unterkommen

2. <u>ver</u>packen, <u>ver</u>achten, <u>ver</u>bauen, <u>ver</u>bieten, <u>ver</u>drängen, <u>ver</u>drehen, <u>ver</u>zählen, <u>ver</u>gießen, <u>ver</u>jagen, <u>ver</u>kleben, <u>ver</u>dienen, <u>ver</u>rühren, <u>ver</u>schließen

3. 1. Blume: verdenken, versäumen, verlieren, verletzen, verlangen, verkehren, verbinden, vergessen
   2. Blume: verwittern, verhungern, vergraben, verkriechen, verkratzen, vergehen, vertrödeln, verstehen

Seite 51/52

Nachsilben

1. In der Geschichte lassen sich 14 Wörter mit Nachsilbe finden:
sonnig, zehnjährig, plötzlich, Steigung, heftig, vergeblich, eifrig, höflich, fertig, wunderbar, reichlich, eigentlich, Verblüffung, nämlich

2. Mögliche Zusammensetzungen sind:
   - **-ig:** eifr<u>ig</u>, richt<u>ig</u>, wicht<u>ig</u>, fert<u>ig</u>, sonn<u>ig</u>
   - **-lich:** lös<u>lich</u>, sonder<u>lich</u>, näm<u>lich</u>, höf<u>lich</u>, deut<u>lich</u>, plötz<u>lich</u>, herz<u>lich</u>
   - **-bar:** mach<u>bar</u>, wunder<u>bar</u>, sonder<u>bar</u>
   - **-ung:** Erinner<u>ung</u>, Erzähl<u>ung</u>, Heiz<u>ung</u>, Gleich<u>ung</u>, Warn<u>ung</u>
   - **-heit:** Gleich<u>heit</u>, Klug<u>heit</u>, Echt<u>heit</u>, Gesund<u>heit</u>, Wahr<u>heit</u>
   - **-keit:** Müdig<u>keit</u>, Bitter<u>keit</u>, Höflich<u>keit</u>, Deutlich<u>keit</u>

3. Diese Wörter wurden von den beiden Schlangen verschluckt:
richtig, wichtig, fertig, ähnlich, sonderbar, plötzlich, herzlich, Pünktlichkeit, Dummheit, wahrlich, deutlich, ordentlich.

5. Lösung, löslich, lösbar; Erinnerung; machbar; Erzählung, erzählbar; wunderlich, wunderbar; Heizung, heizbar; sonderlich, sonderbar; Gleichung, Gleichheit; Warnung; eifrig; nämlich; Klugheit; Müdigkeit; Richtung, richtig; höflich; Echtheit; bitterlich, Bitterkeit; wichtig; Deutung, deutlich, deutbar; Gesundung, Gesundheit; Höflichkeit; fertig; plötzlich; Wahrung, wahrlich, Wahrheit; Deutlichkeit; herzig, herzlich; sonnig

Wortableitungen

Seite 53/54

1. Die richtigen Wortpaare lauten:
   Wahl – wählen, quälen – Qual, ehren – Ehre, hungrig – Hunger, schämen – Scham, Leben – lebendig, Ärger – ärgern, Empfang – empfangen, rauchen – Kettenraucher

2. Folgende Wörter passen zusammen:
   gehen – Gang, ärgern – Ärger, glänzen – Glanz, dauern – Dauer, hängen – Hang, jubeln – Jubel, knicken – Knick, geben – Gabe, stehen – Stand, ordnen – Ordnung, knallen – Knall, pinseln – Pinsel, brauchen – Brauch, begründen – Grund

3. Das könnten mögliche Reime sein:
   verlangen – empfangen, winseln – pinseln, heben – leben, blicken – knicken, fallen – knallen, grämen – schämen, schälen – quälen, lauern – dauern, rauchen – brauchen

4. kni + cken – der Knick, pin + seln – der Pinsel, är + gern – der Ärger, ju + beln – der Jubel, empfang + en – der Empfang, schä + len – die Schale, knal + len – der Knall, hung + ern – der Hunger

Seite 55-58

Trennungsregeln

1. **einsilbig:**
   Meer, aber, Stadt, Axt, Nacht, Traum, Spur
   zweisilbig:
   plötz - lich, her - ein, ki - chern, Thea - ter, na - gen, drän - gen, über - all, na - he, he - ran, hin - ein, Wet - ter, Käl - te, Schnei - der, Rei - fe, spür - bar
   dreisilbig:
   Hack - bra - ten, Gieß - kan - ne, Om - ni - bus, Le - xi - kon, her - un - ter

2. Die Wörter in den Schlangen lauten:
   Ka - sten, Gin - ster, fin - ster, Mu - ster, Fen - ster, ta - sten, ge - stern, be - fe - sti - gen, ko - sten, Ge - schwi - ster, ro - sten, flü - stern, lu - stig, fro - stig, ha - stig, lästig, dü - ster

3. Rück - grat, Rük - ken, Lack - schuh, auf - wek - ken, Ruck - sack, blik - ken, Flick - zeug, drük - ken, Pak - kung, hok - ken, Schnek - ke, Bek - ken, Blick - punkt, nik - ken, tik - ken, Jak - ke, lok - ker, Lük - ke, schmük - ken, Druck - knopf, schluck - wei - se, Strick - zeug

4. Pfüt - ze, sit - zen, Spit - ze, ver - let - zen, Müt - ze, het - zen, stüt - zen, sprit - zen, krat - zen, schwit - zen, Metz - ger, plötz - lich, trotz - dem

5. Kas - se, Schlüs - sel, es - sen, Was - ser, fas - sen, mes - sen, pres - sen, müs - sen, küs - sen, Rüs - sel, Tas - se, Mas - se

6. hei - ßen, schlie - ßen, rei - ßen, bei - ßen, gie - ßen, grü - ßen, sto - ßen

7. Schul - ju - bi - lä - um, Schu - le, Ju - bi - lä - um, Klas - sen - be - ste, Re - de, hal - ten, gro - ße, Mü - he, ge - lingt, Mas - se, Schü - ler, be - gei - stern, al - le, blik - ken, lok - ker, ge - wandt,

nie - mand, be - merkt, sei - ne, Hän - de, schwit - zen, Be - son - de - res, da - heim, je - des, dei - ner, fin - ster, so - fort, be - wei - sen, näch - sten, be - sag - te, da - bei, Wör - ter - buch

Ende!

Anhang: Grundwortschatzliste

A
achten
ähnlich
Angst
ärgern
Arzt

B
Bagger
Bahn
bauen
begegnen
beide
beinahe
Beispiel
bellen
beobachten
bequem
bereits
berichten
Beruf
besser
betrachten
bitter
blind
Blitz
bloß
blühen
Boden
bohren
brauchen
Brett
Brille
brummen
bücken
bunt
Burg

D
dauern
deutlich
deutsch
dicht
Doktor
donnern

doppelt
drängen
draußen
drehen
drohen

E
echt
Ecke
Ehre
eifrig
einzeln
empfangen
empfinden
erinnern
Erlebnis
ernten
erwidern
erzählen

F
Fahne
Faß
Fehler
fertig
Flasche
fließen
frieren
Frühling
Fuchs
fühlen
füllen
fürchten

G
Gasse
Gebäude
Geburt
Gefahr
geheim
Geld
gelingen
gerade
Geschäft

geschehen
gescheit
Gesetz
Getreide
Gewicht
gießen
glatt
glühen
graben
Gruppe
Gummi

H
Haken
häufig
heißen
heizen
Herz
hetzen
Hitze
hocken
höflich
Höhle
Holz
Hunger
Hütte

I
Insel

J
Jacke
jagen
jetzt
jubeln
Jugend

K
kahl
Kahn
Kamm
Kanne

Karte
Kartoffel
Keller
kichern
kleben
klettern
klug
knallen
knicken
Knochen
Knopf
Koffer
Kran
kratzen
kriechen
kühl
Kunst
Kuß

L
Lampe
Lärm
Laub
Leben
leise
Lexikon
Lied
Liter
Loch
locker
Lohn
löschen
Lücke

M
mähen
mahlen
mahnen
manchmal
Mantel
Marke
marschieren
Maschine
Mauer
Mehl
Mensch
merken
Metzger

Miete
Milch
miteinander
Mittag
Möbel
Motor
müde
Musik
mutig
Mütze

N
nackt
nähen
nämlich
Nahrung
Netz
nieder
niemals
niemand
nirgends
Note
Nuß
nützen

O
Obst
Omnibus
Ostern

P
packen
Päckchen
Paket
Paß
Pflicht
Pfund
Pinsel
plötzlich
Polizist

Q
quälen
Quark
Quelle

R
Rakete

rauh
reif
rein
Rest
richtig
riechen
Riß
Rock
roh
rücken
rühren
rund

S
Sack
Salz
Satz
schaffen
schämen
Schale
Schatten
Schaukel
schenken
Schere
Schi
schicken
schief
schießen
Schiff
schleichen
schlimm
schlucken
Schlüssel
schmal
schmecken
Schmerz
schmücken
Schnabel
schneiden
Schokolade
Schuh
Schürze
Schüssel
schütten
schwitzen
Sessel
sinken
Sohn

Spiegel
springen
spritzen
spüren
Stadt
stark
Stern
Stiel
stören
Strafe
Straße
Strauß
stricken
Stroh
stützen
süß

T
tapfer
Tasse
Teller
Teppich
Theater

Tochter
trauen
Traum
trotzdem

U
überall
überqueren
umkehren
ungefähr
unterscheiden
Urlaub

V
Vase
Verdacht
verhindern
Verkehr
versäumen
verschwinden
Vieh
vielleicht
Volk

W
wehren
Weihnachten
Welt
wenden
Wetter
wichtig
wiegen
wirken
Wolke
Würfel
Wurm

Z
zäh
zahn
Zeichen
Zelt
Zentner
zuletzt
zusammen
Zweck
zwischen